# こびとづかんの
# こびとづくり

キャラクター原案・監修　なばたとしたか

JN085625

# CONTENTS

## Basic technique
## 基本テクニック

## 〈この本に出てくるコビト〉

カクレモジリ

カクレケダマ

オオヒレカワコビト

リトルハナガシラ

ホトケアカバネ

ベニキノコビト

クサマダラオオコビト

アラシクロバネ

バイブスマダラ

ナツノツマミ

イヤシミドリバネ

# こびとフェルトマスコット

Felt mascot

フェルトに顔を刺繍して、マスコットを作りましょう。
わたを少し入れてふっくらしたコビトたちです。

作り方→p.30、46

 カクレモモジリ　　 リトルハナガシラ　　 カクレケダマ　　 ベニキノコビト

 ホトケアカバネ　　オオヒレカワコビト　　クサマダラオオコビト　　アラシクロバネ

# こびとベビーグッズ
## Baby goods

0〜1歳のベビー専用の、コビトになりきるグッズ。
やわらかなパイルやフリース素材で仕立てれば、
愛らしさいっぱい！

作り方→p.49、51

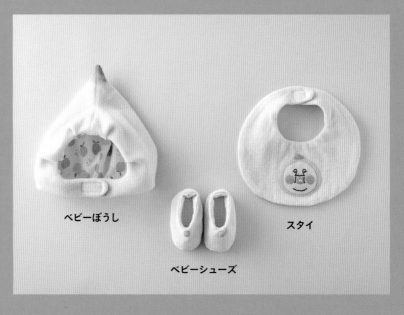

ベビーぼうし

ベビーシューズ

スタイ

カクレモモジリ

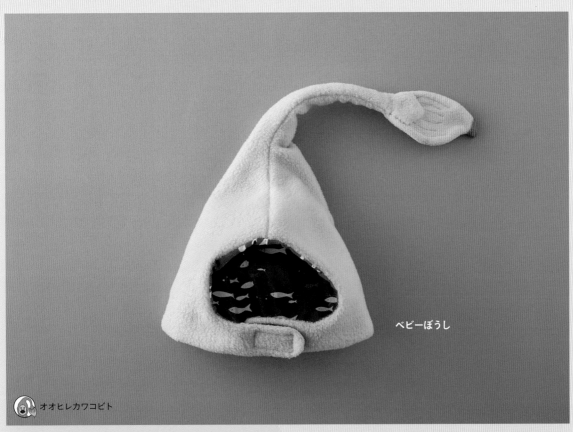

ベビーぼうし

オオヒレカワコビト

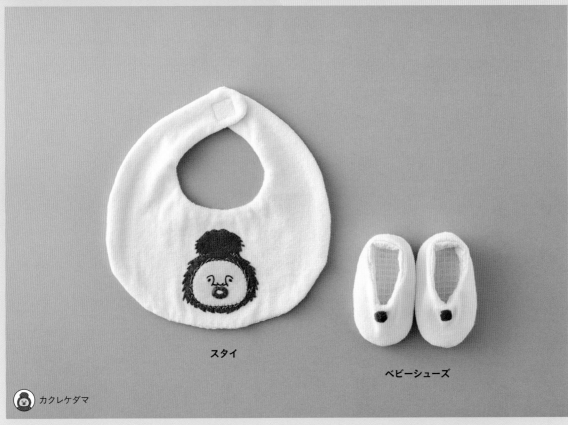

スタイ

ベビーシューズ

カクレケダマ

# ちいさなこびとあみぐるみ
## Mini Amigurumi

本物に近いサイズのちいさなあみぐるみ。
みんなを集合させて遊ぼう！ 顔は羊毛フェルトで作ります。
絵本に登場するパグ犬の「ガルシア」はちょっと上級者向け。

作り方→p.40、72

 ホトケアカバネ   バイブスマダラ  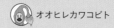 オオヒレカワコビト  クサマダラオオコビト

ガルシア

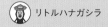 

# こびとクロス・ステッチ
## Cross stitch

初心者でもやさしく刺せる刺繍です。
刺繍用リネンに刺して額に入れて飾ったり、お好みで雑貨にしても。

作り方→p.44、60

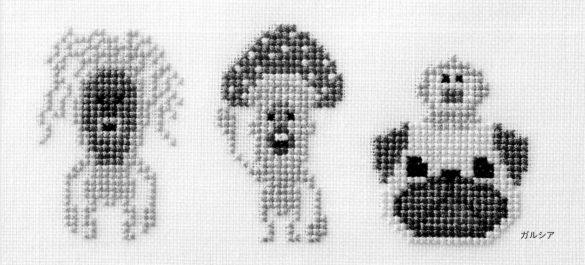

ガルシア

KOBITO

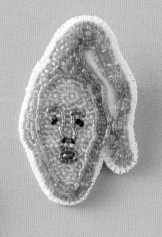

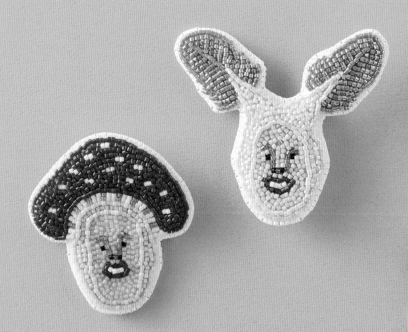

ガルシア

# こびとビーズブローチ

**Brooch**

きらきらなビーズをステッチした、
大人のファッションにもぴったりのブローチはいかが?

作り方→p.34、62

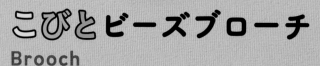

 カクレモモジリ  クサマダラオオコビト  リトルハナガシラ

ベニキノコビト ホトケアカバネ

シャツの胸もとにきらり

お気に入りのぼうしに

# こびとキッズぼうし
## Beanie

3〜5歳の子どもに。コビトになりきって、たくさん遊ぼう！

作り方→p.64

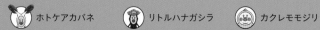 ホトケアカバネ 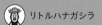 リトルハナガシラ  カクレモモジリ

14

# こびとランチョンマット
## Table mat

ふわふわした羊毛で作る、
あたたかな手触りのランチョンマット。

作り方→p.70

 クサマダラオオコビト　 カクレモモジリ

# こびとコースター
## Coaster

おやつどきに、コビトがいるともっと楽しくなる!
羊毛フェルトのコースター。

**作り方→p.36、70**

 カクレモモジリ　　 ベニキノコビト　　クサマダラオオコビト

# こびとペンキャップ

## Pen cap

勉強中も、コビトといっしょ。
好きなペンのサイズで作りましょう。

作り方→p.38、68

 ベニキノコビト 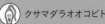 クサマダラオオコビト  カクレモモジリ 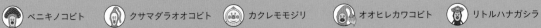 オオヒレカワコビト  リトルハナガシラ

マグネット

ヘアゴム

ブローチ

# カクレモモジリの
# マグネット・
# ブローチ・ヘアゴム
## Magnet,
## Brooch and Hair accessorie

こびとペンキャップの応用で、
ちいさなアクセサリーを作ります。
好きなコビトで作ってみよう。

作り方→p.69

# こびとぽんぽん
## Stuffed toy

毛糸で作るぽんぽんに、フェルトの顔や体をはりつけて。
そばに置いておきたい、いやし系のマスコットです。

作り方→p.32、55

カクレモモジリ　　アラシクロバネ

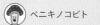 ベニキノコビト 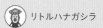 クサマダラオオコビト 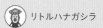 リトルハナガシラ

# おおきなこびとあみぐるみ
## Amigurumi

抱きしめたくなるサイズに大きく編んだ、
カクレモモジリとカクレケダマです。友達になってね。

作り方→p.81

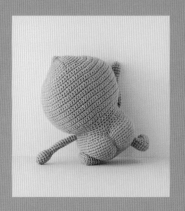

 カクレモモジリ

 カクレケダマ

# こびと通園グッズ
## School goods

通園や通学にぴったり。
好きな場所に好きなコビトのアップリケをしましょう。

作り方→p.85

ナップザック

 クサマダラオオコビト　　ホトケアカバネ　　カクレモモジリ

レッスンバッグ

上履き入れ

# こびとポーチ

## Pouch

大人にも持ってほしい、
アップリケポーチです。かばんにこっそり、
コビトたちをしのばせて。

作り方→p.42, 88

 カクレモジリ

 ベニキノコビト

🐻 カクレケダマ

## Basic technique

# 基本テクニック

p.4〜28 の作品を作るときに必要な材料や道具、テクニックについて解説しています。

作りたい作品を見つけたら、ここの基本を参考に作りましょう。

各作品に必要な材料や図案などは、p.46 から掲載しています。

 こびと
フェルトマスコット
作品→p.4

フェルトに顔を刺繍して、わたを詰めて作ります。チャームにしてバッグにつけてもかわいい、初心者でも作りやすいマスコットです。
＊材料の詳細は、p.46を参照

## 材料と用具

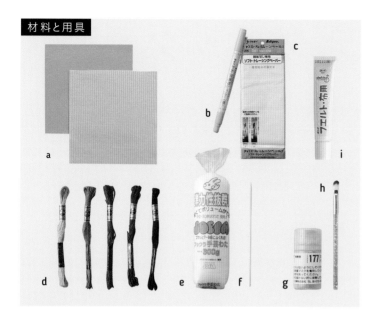

a.フェルト／サンフェルト　ミニーを使用。作るコビトに合わせて色を選ぶ。

b.チャコエース図案写しマーカー／図案トレース専用ペン。チャコエースムーンベールと使う。

c.チャコエースムーンベール／図案トレース専用シート。チャコエース図案写しマーカーと使う。

d.刺繍糸／DMC25番刺繍糸を使用。顔の刺繍や、パーツを縫い合わせるために使う。

e.わた／だまになりにくいアライの手芸わたを使う。

f.竹ぐし／細い腕や足に、わたを詰めるときに使う。

g.パステル（ピンク）／カクレモモジリのほほやトウチンに色をつけるときに。ほほ紅でも代用できる。

h.メイクブラシ／パステルで色をつけるときに使う。

i.接着剤／手芸やフェルト用。パーツのはり合せ、仮どめや補強に使う。

手縫い針／手芸用の手縫い針を使う。

## 作り方

点を打つようにすると写しやすい

**1** 図案写しマーカーでムーンベールに図案を写し取り、フェルトに図案を写す（p.34「下絵の写し方」参照）。

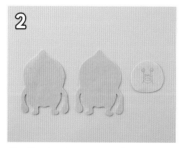
**2** 体2枚、顔1枚、パーツごとにフェルトを切る。

**3** 顔を刺繍する（刺繍糸の色やステッチはp.47を参照）。

**4** 顔を体にまつりつける（p.90「たてまつり」参照）。このとき、顔の裏に薄く接着剤をつけてはると縫いやすい。

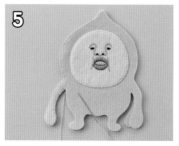
**5** 縫始めの位置から、体2枚をかがり縫いする（p.90「巻きかがり」参照）。手を縫ったら一度止める。

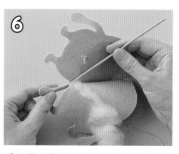
**6** 手や足は細いので、その都度、竹ぐしを使ってわたを詰める。

7

すべての手足にわたを詰めながら縫う。最後は、縫始めから4cmほどあき口を残しておく。

8

あき口からわたを全体に詰める。少しずつまんべんなく詰めるときれいに仕上がる。

Arrange

このときチャームにしたい場合は、輪にしたたこ糸などを挟んでとじる。

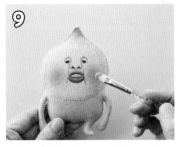

9

あき口を縫いとじる。パステルをメイクブラシにとり、トウチンとほほに色をつける。

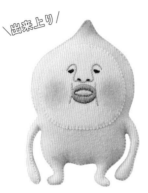

\出来上り/

[出来上りサイズ] 12×8cm

## 作り方の Point

● ベニキノコビト

トウチンの
かさのひだ

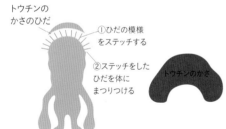

①ひだの模様をステッチする

②ステッチをしたひだを体にまつりつける

トウチンのかさ

↓

③かさに模様をステッチする

④模様をつけたかさをひだにまつりつける

トウチンのかさをつけるときは、まずかさのひだを体にまつりつけ、上から、模様をステッチしたかさをまつりつける。

● リトルハナガシラ

トウチンは花びらを重ねて接着剤ではる

花心に接着剤をつけて重ねてはり、まつりつける。完成した花は接着剤をつけ頭にはる。

● ホトケアカバネ

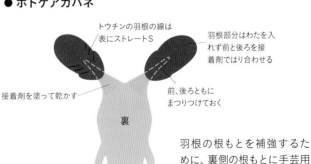

トウチンの羽根の線は表にストレートS

羽根部分はわたを入れず前と後ろを接着剤ではり合わせる

接着剤を塗って乾かす

前、後ろともにまつりつけておく

裏

羽根の根もとを補強するために、裏側の根もとに手芸用接着剤などを塗って乾かしてから、縫いとじるとよい。

# こびとぽんぽん

作品→p.20

毛糸とぽんぽんメーカーで、ふんわりかわいいコビトを作ります。ここでは「クサマダラオオコビト」で解説します。
＊材料の詳細は、p.56を参照

## 材料と用具

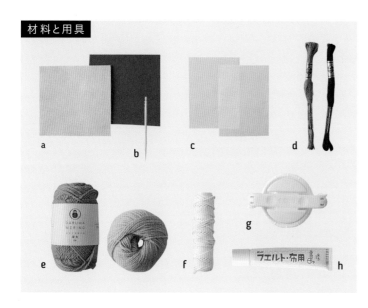

a.**フェルト**／コビトの顔、手足に使う。手足は2枚重ねて使う。

b.**つまようじ**／頭と体のぽんぽんをつなげるために使用。指定の長さに切る。

c.**トレーシングペーパー**／図案を写し取るために使用。

d.**刺繍糸**／DMC25番刺繍糸を使用。顔を刺繍するために使う。

e.**毛糸**／DARUMAメリノスタイルを使用。クサマダラオオコビトは、緑2本に、黄緑（藤久）1本を引きそろえて使う。

f.**たこ糸**／ぽんぽんの中心をしばり、固定するために使う。太さは5〜10号（0.9〜1.4mm）を使用。

g.**ぽんぽんメーカー**／クロバー スーパーポンポンメーカーを使用。この本では、直径4.5cmと6.5cmの2種類を使う。

h.**接着剤**／布やフェルト用のものを使う。

## 作り方

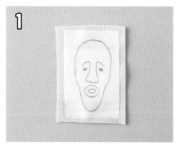

トレーシングペーパーに顔の図案（p.56）を写し取り、顔のフェルトにのせ、セロファンテープで上下を固定する。

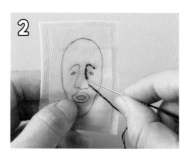

刺繍糸3本どりで、顔の線をバック・ステッチで、目をストレート・ステッチで刺繍する。

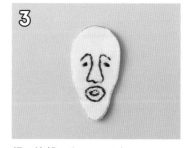

顔の輪郭にそって、はさみでフェルトをカットする。

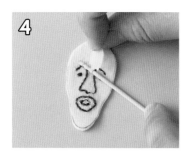

刺繍した箇所を糸が浮かないように、つまようじの頭などで押さえながら、トレーシングペーパーを破いてはがす。

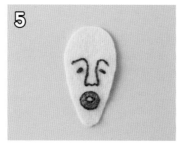

刺繍糸2本どりでランダムにストレート・ステッチでくちびるの面を刺繍して埋める。

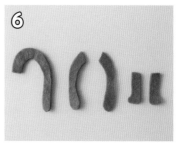

トウチンや手足のフェルトは、接着剤をまんべんなく塗り、2枚に重ねてはり合わせたものをカットする。

7
4.5cmのぽんぽんメーカーに、緑2本、黄緑1本を引きそろえて巻く。糸端は巻き込んでスタートする。

8
ひと巻きごとに毛糸が重ならないように、ずらしながら巻いていく。

9
片道分巻いたところ。同様に端から端まで往復するように指定の回数を巻く。

10
反対側も同じように巻く。糸端は長めに切り、ぽんぽんメーカーを閉じる。

11
ぽんぽんメーカーを閉じ、はさみで中心を1周ぐるりと切る。

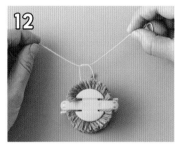

12
できた溝にたこ糸を1周通し、固結びを2回して、中心をしばる。ぽんぽんメーカーを開け、ぽんぽんを取り出す。

13
頭のぽんぽん、体のぽんぽんをそれぞれ作る。

14
たこ糸の輪の向きを指定に合わせ（p.56）、4cmに切ったつまようじの半分に接着剤を塗り、毛糸を広げたぽんぽんに差し込む。

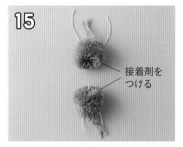

15
接着剤をつける

接着面の毛糸を広げて接着剤をたっぷりつけ、もう一方のぽんぽんにつまようじを差し込む。

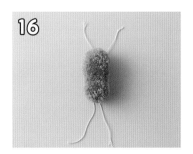

16
2つのぽんぽんを接着する。はさみでコビトの形になるように整える。体は頭より細くする。

17
顔を接着剤でつける。トウチンや手足は、接着剤を端につけ、毛足を広げて差し込むようにつける。

\出来上り/

# こびと ビーズブローチ

作品→p.12

ビーズ刺繍のテクニックで、フェルトにビーズを刺して作ります。ここでは「ベニキノコビト」で解説します。
＊材料の詳細は、p.62を参照

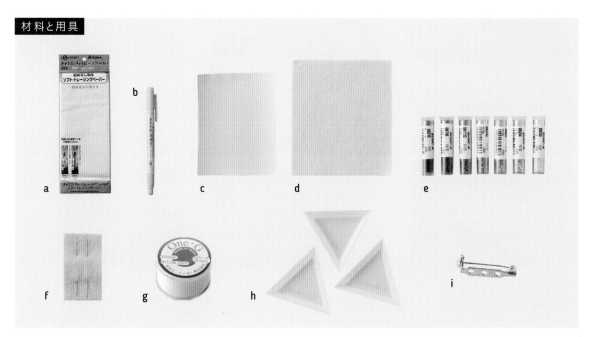

a. **チャコエースムーンベール**／図案トレース専用シート。チャコエース図案写しマーカーと一緒に使う。

b. **チャコエース図案写しマーカー**／図案トレース専用ペン。チャコエースムーンベールと一緒に使う。

c. **合皮**／ブローチに仕立てるための裏地。白を使う。

d. **フェルト**／ビーズを刺繍する土台。白を使う。

e. **ビーズ**／MIYUKIデリカビーズDBを使用。作るコビトに合わせて色を選ぶ。

f. **ビーズ刺繍用針・手縫い針**／ビーズ刺繍専用の細い針（右）と、ブローチピンを合皮につける手縫い針（左）。

g. **糸**／ビーズ刺繍専用の糸またはミシン糸でも可。この本では白を使用。

h. **ビーズトレイ**／ビーズを入れて作業するときにあると便利。

i. **ブローチピン**／ブローチに仕立てるために、合皮に縫いつける。2.5cmを使用。

## 下絵の写し方

**1** 図案写しマーカーでチャコエースムーンベールに図案を写し取る。

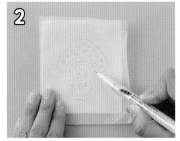

**2** 図案を写し取ったチャコエースムーンベールをフェルトの上に置き、さらに図案写しマーカーでなぞって図案をフェルトに写す。

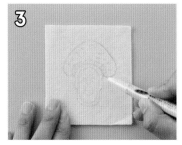

**3** 図案が写せたところ。うすい所はもう一度なぞっておく。

## ビーズの刺し方

### 1

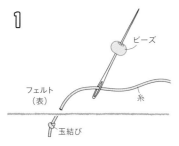

ビーズ刺繍針に糸を通し糸端は玉結びする。裏から糸を通し、ビーズを通す。

### 2

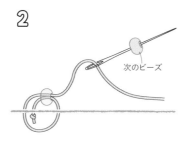

ビーズをフェルトまで寄せ、すぐ隣に針を刺す。もう一度縫始めから出してビーズに通し、ビーズをとめる。

### 3

同様に繰り返してビーズをとめる。糸は、Aの糸のようにビーズに通る。輪郭線を刺すときは、さらにBのように最後に1周、糸を通すと仕上りがきれい。

## 図案の刺し方

### 1

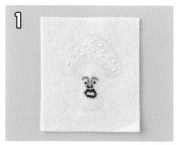

顔やトウチンの模様など細かな部分を刺す。

### 2

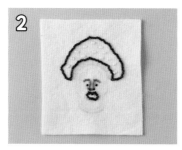

輪郭線など、写し取った図案の残りのおおまかな線を刺す。

### 3

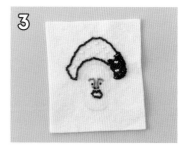

線の中を埋めるように刺す。

## ブローチの仕立て方

### 1

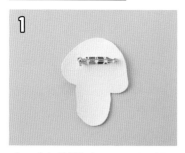

ビーズを刺繍したフェルトの回り1mmほど残してカットし、同じ形に合皮を切る。合皮にブローチピンを縫いつける。

### 2

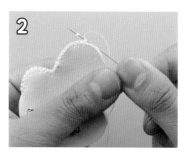

合皮、刺繍したフェルトの裏どうしを合わせ、図のように縫いながら、回り1周をビーズで縁とる。

\出来上り/

強度が心配なときは、フェルトと合皮の間に紙をひと回り小さく切ったものを挟むとよい。

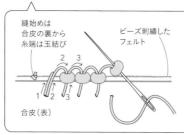

縫始めは合皮の裏から糸端は玉結び

ビーズ刺繍したフェルト

合皮（表）

フェルト側から針を入れ、皮側に出して前のビーズに通し、新しいビーズを入れてフェルト側から針を入れ皮側から出す。これを繰り返す。

# こびとコースター
作品→p.17

羊毛フェルトで作ります。ここでは「ベニキノコビトのコースター」で解説。ランチョンマット (p.70) にも応用できるテクニックです。

## 材料と用具

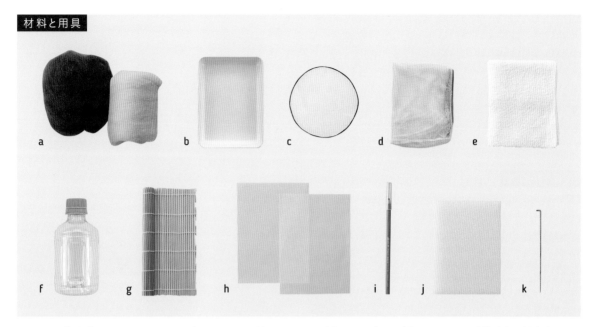

a.**フェルト羊毛**／ハマナカ ウールキャンディ・シュクルを使用。
＊ベース、くちびる＝赤 (24) 5g、顔の回り＝イエロー (35)、顔＝ベージュ (42)、目・口の中＝こげ茶 (41) 少量、歯・トウチンのかさのひだ・かさの模様＝白 (1)

b.**バットやお盆**／水で濡らして作業するときの受け皿として使う。

c.**クリアファイルの型**／図案よりひと回り大きくクリアファイルを切って作る。

d.**洗濯用ネット**／切り開いて1枚にし、羊毛をこすってフェルト化するときに使う。網目の粗いタイプ。

e.**タオル**／ぬるま湯でフェルト化したフェルトの水分をとるために使用。

f.**耐熱ペットボトル**／中にぬるま湯と中性洗剤を数滴溶かして入れておく。

g.**まきす**／シート状にした羊毛を巻いてフェルト化するために使う。

h.**トレーシングペーパー**／図案を写し取るために使う。

i.**熱転写ペン**／トレーシングペーパーに図案を写し取り、アイロンで熱転写できるペン。

j.**フェルティングマット**／羊毛を刺し固めるときに、机などが傷つかないように、下に敷いて使う。

k.**フェルティングニードル**／顔や模様を作るときに、羊毛を刺して固めるためのニードル。

## 作り方

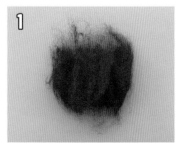

1
ベースの羊毛（くちびる用にひとつまみ分けておく）を用意する。

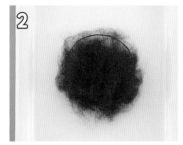

2
バットの中で作業する。羊毛をクリアファイルの型にそって繊維が交互になるよう、重ねて置いていく。

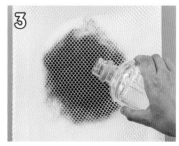

3
2にネットをかけ、ペットボトルのぬるま湯をかけ、空気を抜きながら羊毛を浸す。

**4** 手で全体をこすりながらフェルト化させる。

**5** ある程度フェルト化したら、まきすで何度も巻いてフェルト化させ、水ですすいで乾かす。

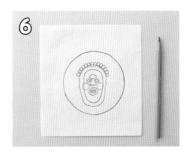
**6** トレーシングペーパーに熱転写ペンで図案を写し取る(図案p.71)。

**7** 乾いたベースに、図案をなぞった面をのせ、アイロンの熱で図案を転写する。

**8** 図案が転写できたところ。

**9** きれいな円形になるように、回りをカットする。

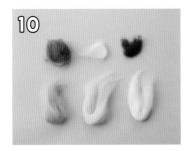
**10** 顔や模様に使う羊毛を用意する。

**11** ベースに少しずつ羊毛を刺しつけてベニキノコビトの顔を作る。

**12** 顔ができたところ。かさのひだは、粒状にしたフェルトを1つずつつけるとよい。

**13** ＼出来上り／

ランダムにかさの模様を水玉状に刺して、出来上り。

[出来上りサイズ] 直径10cm

**作り方の Point**

コースターやランチョンマットの顔は、食器を置くときにぐらついてしまうので、立体的にしすぎないように。目や鼻、ほほなどの各パーツの境目は、ニードルを何度も刺して境界を作るとよい。

# こびとペンキャップ
作品→p.18

好きな太さのペンに羊毛を巻き、ニードルでフェルト化して立体的なキャップを作ります。ここでは「リトルハナガシラ」で解説。

## 材料と用具

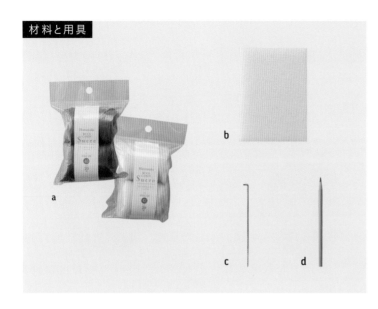

a.**フェルト羊毛**／ハマナカ ウールキャンディ・シュクル（1袋20g入り）を使用。作るコビトによって色を選ぶ。
＊1つのペンキャップに1玉（10g）ずつあれば足りる。
＊ベース、頭＝グリーン（40）3g、トウチン花びら、くちびる＝ピンク（56）1g、トウチン花心＝黄（35）少量、顔＝ベージュ（42）1g、歯＝白（1）少量、目、口の中＝こげ茶（41）少量
b.**フェルティングマット**／羊毛を刺し固めるときに、机などが傷つかないように、下に敷いて使う。
c.**フェルティングニードル**／羊毛に何度も刺して、固めるためのニードル。
d.**好きな太さのペン**／キャップをしたい太さのペン。回りに羊毛を刺し固めていく。

## 作り方

1 ベースの羊毛を2本ほどに細長く分けて用意する。

2 1本をペンの先に、巻きつける。

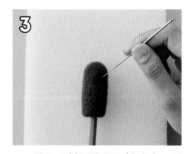

3 ニードルで刺し固める（大きさの目安はp.71を参照）。

4 刺し固めたところ。ペンから簡単に外れないように、まんべんなく刺してしっかり固める。

5 頭の大きさになるように、1で作った残りの羊毛を巻いて刺しつけ、頭の形に刺し固める。

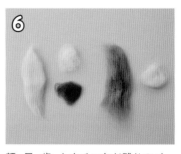

6 顔、目、歯、トウチンなど残りのパーツの羊毛を用意する。

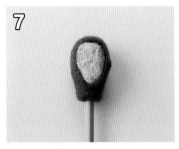

**7** 顔の形に、薄く羊毛を刺しつけ、顔をフェルティングしていく。

**8** あご、口、額の順番に、少しずつ羊毛を刺しつける。

**9** 同様に、鼻、ほほ、目の順番に、形を作りながら、顔を仕上げる。

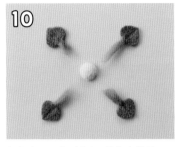

**10** トウチンの花びらと、花心を作る。このとき、組み合わせるために、毛足を残しておく。

**11** 頭の上に花びら、花心の順番に、毛足を使って刺しつける。

＼出来上り／

[出来上りサイズ]6×5cm

---

（刺し方の **Point**）

パーツはフェルティングマットの上でニードルを何度も刺して固めながら、形を作ります。
指を刺さないように注意しながら作業しましょう。

**ペンなど棒状のものを芯にするとき**
そのままニードルを刺して羊毛を足しながら固めていく。ペンに刃が強く当たると折れてしまうので、加減して刺す。

**トウチンや顔のパーツを作るとき**
羊毛をそのままマットの上で刺して形を作る。小さいパーツは直接本体に刺しつけながら形を作ってもよい。

# ちいさな こびとあみぐるみ

作品→p.8

かぎ針編みとわたを詰めて作るあみぐるみです。ちいさなこびとあみぐるみの「ホトケアカバネ」で基本を解説します。
＊材料の詳細、編み図は、p.76「ホトケアカバネ」参照

## 材料と用具

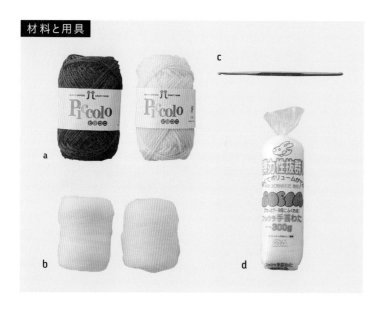

a.毛糸／ちいさなこびとあみぐるみは、ハマナカ ピッコロを使用。

b.羊毛／顔をフェルティングして作るために使用。必要な色を用意する。

c.かぎ針／毛糸に合わせて選ぶ。4/0号針を使用。

d.わた／だまになりにくいアライの手芸わたを使用。

## 作り方

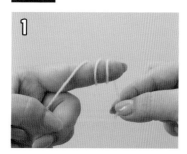

**1** 2重の輪の作り目（p.91参照）から始める。

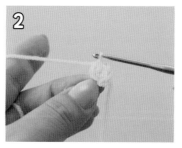

**2** 1段めの6目が編めたところ。

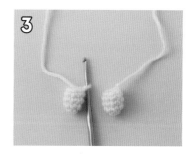

**3** トウチンの下部分を編むときは、左右別で編み、片側（写真右）は端を引き抜き、糸を切る。

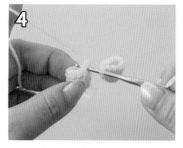

**4** ❸の状態から、片側の1目めを拾い、続けて細編みする（5段め）。

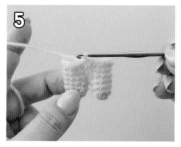

**5** 5段めを編み、続けて6、7段めを編み終えたところ。

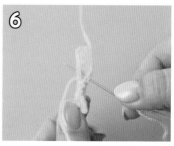

**6** 足は左右をたたんで巻きかがりで筒状にする。

7

パーツをはぎながらつなげていく。写真は足とつま先をはいでいるところ。

8

編始めの糸は、とじ針に通し、編み地にくぐらせて糸始末をする。

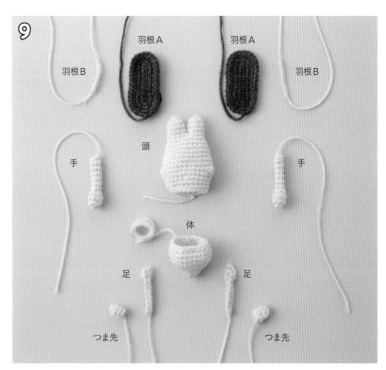

9

羽根B　　羽根A　　羽根A　　羽根B

頭

手　　　　　　　　　　　手

体

足　　　　　　　足

つま先　　　　　　　　　　つま先

＊各パーツを並べたところ。糸端ははぐために残しておく。

10

頭にわたをしっかりと詰める。

11

体にもわたをしっかりと詰め、巻きかがりではぐ。

12

羽根Aに羽根Bをつける。羽根Bの糸端を羽根Aにとじつける。

13

裏から見たところ

手足をつけ、羽根Aをトウチンの前に重ね、羽根Aの糸端、羽根Bのもう片側の糸端の順にとじつける。

14

羊毛で顔をフェルティングする（p.38の手順⑥〜⑨参照）。

\出来上り/

［出来上りサイズ］14×6cm

 こびとポーチ
作品→p.28

「カクレモモジリのポーチ」を作ります。アップリケをした表布に、ファスナーをつけ、裏布と合わせて仕上げます。
＊アップリケの図案の写し方は、p.34「下絵の写し方」参照

## 材料と用具

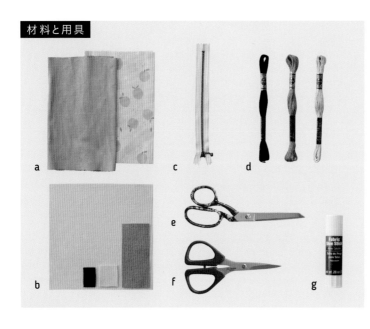

a.**表布と裏布**／表布はフェイク起毛スエード（ピンク）、裏布は桃柄のプリント地を使用（各50×20cm）。

b.**アップリケ用のフェルト**／サンフェルト ウォッシャブルフェルトを使用。
＊うすオレンジ（RN-22）、ピンク（RN-37）、うすピンク（RN-2）、黒（RN-31）

c.**玉つきファスナー**／20㎝を使用。好みの色を用意する。

d.**刺繍糸**／顔の刺繍や、パーツを縫い合わせるために使う。
＊DMC25番刺繍糸の黒（310）。アップリケ用の糸はフェルトに合わせて色を選ぶ。

e.**裁ちばさみ**／布をカットするときに使用。

f.**手芸ばさみ**／細かな箇所をカットするときに役立つ。

g.**手芸のり**／アップリケなど、のりで仮どめしながら作業するとやりやすい。

## 作り方

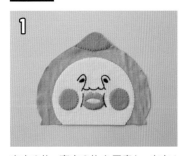

**1** 表布2枚、裏布2枚を用意し、表布1枚（表）に、フェルトで顔のアップリケをする（刺繍糸1本どり・p.90「たてまつり」参照）。

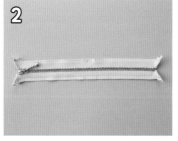

**2** ファスナーは端4か所を裏に三角に折り、縫いとめておく。

**3** アップリケをしていない表布に中表にファスナーを縫いつける。（表）

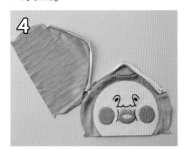

**4** 同様に、アップリケをした表布に中表にファスナーを縫いつける。

**5** ファスナーは開けておき、中表にしてファスナー止りから下をミシンでぐるりと縫う。（裏）

**6** 裏布は、2枚とも、厚紙（アイロン定規）を当てながら縫い代（0.7㎝）にアイロンで折り目をつける。（裏）

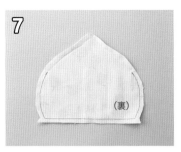

7

(裏)

裏布2枚を中表にして、ファスナー
止りから下をミシンでぐるりと縫う。

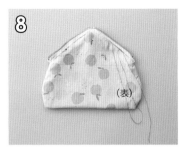

8

(表)

表に返し、中表にした表布を中に重
ね、袋口をファスナーにまつる。

9

\出来上り/

表に返して、出来上り。
[出来上りサイズ] 14×8cm

## 裁合せ図

```
         ┌──── 50 ────┐
       わ │        ↑↓ 裏布 表布
       20 │    表布
          │    裏布 │各2枚
          │  0.7
```

## ポーチの型紙

400%に拡大して使用
「ベニキノコビト」、「カクレケダマ」の作り方はp.88

● カクレモモジリ

ピンク

310　6本どり
アウトラインS

うすオレンジ

310　6本どり
アウトラインS

黒

ピンク

うすピンク

縫い代

ファスナー止り

ファスナー止り

● カクレケダマ

裏布

表布

赤

うすピンク

縫い代

310　2本どり
アウトラインS

濃いベージュ

310　4本どり
アウトラインS

● ベニキノコビト

300　3本どり
バックS

白

トウチンのかさの裏
当て布

うすベージュ

イエロー

黒

ベージュ

310　6本どり
アウトラインS

縫い代

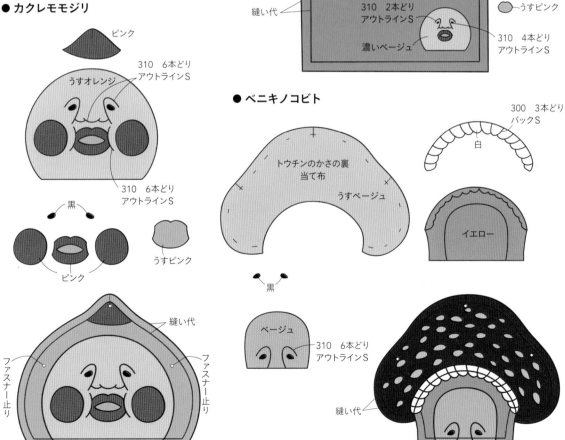

# クロス・ステッチの
# しかた

作品→p.10

クロス・ステッチの基本テクニックです。刺繍用リネンと
刺繍糸があればすぐに始められます。
図案は、p.60を参照。

## 糸について

糸は、DMCの25番刺繍糸を
2本どりで使います。刺繍糸を
使用する長さ（50cmくらい）に
カットし、6本でよってある糸
を1本ずつ引き抜き、2本に合
わせて使いましょう。刺し始め
は「横にくぐらせる方法」、刺
し終りは、裏側の糸に3〜4cm
からげて糸をカットします。

## 針について

クロス・ステッチ用の針を使い
ます。この本では、チューリッ
プのNo.24で刺しています。

## 布地について

この本では、刺繍用リネン（11
目／1cm）を使っています。1
cmの中に織り糸が11本になる
布です。織り糸のたて・よこ2
本を1目として刺しましょう。
布地の色は、白色、未ざらしの
ほか、好みの色に刺してくださ
い。
刺し上がったら、パネルに入
れて飾りましょう。このときの
布地はパネル分の余白を、10
cm以上とって刺します。

## 図案について

図案は写し取りません。p.60
の図を見ながら、布地に刺し
ます。

### 刺し始め

**【横にくぐらせる方法】**

少し離れたところから針を入れ、糸
を押さえながら刺す。刺し始めの
糸端は、最後に裏に引き出して針に
通し、裏側の糸に3〜4cmからげて
糸をカットする。

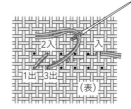

### クロス・ステッチの刺し方

**【1目ずつ刺す】**

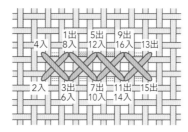
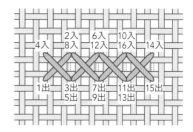

交差する糸が同じ方向にそろうように、糸の引き加減が同じになるように刺す。

**【横に連続して刺す】**

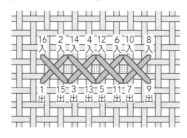

**【縦に連続して刺す】**

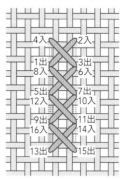

**【針を出す位置】**

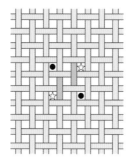

裏から表に針を出すときは、たて糸
が上になってる織り目の、右上また
は左下（☆）に刺す。このとき、よこ
糸が上になっているところ（●）か
ら出すときれいな×にならない。

## おまけの図案

＊好みの大きさに拡大コピーして使ってください

クサマダラオオコビト

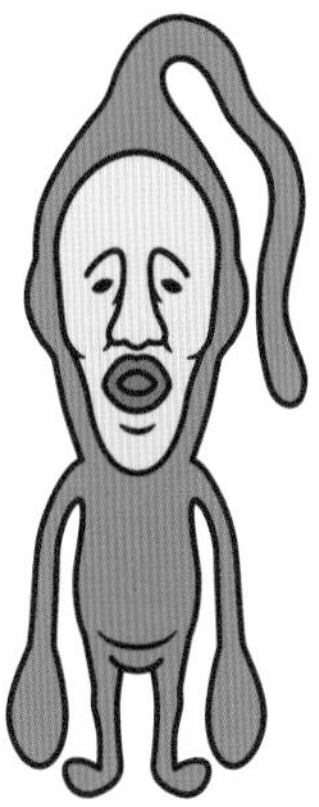

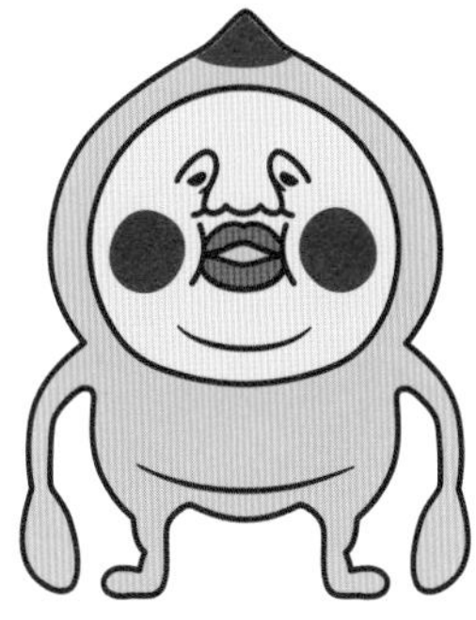

カクレモモジリ

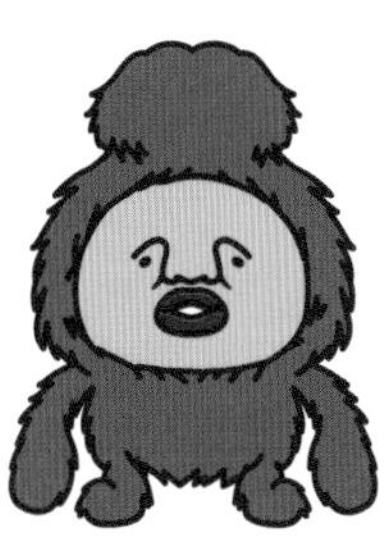

カクレケダマ

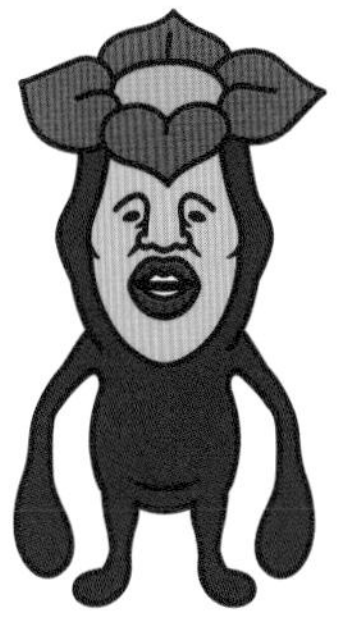

リトルハナガシラ

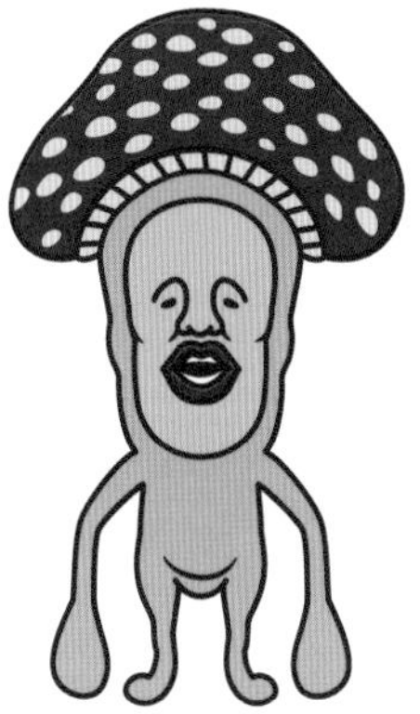

ベニキノコビト

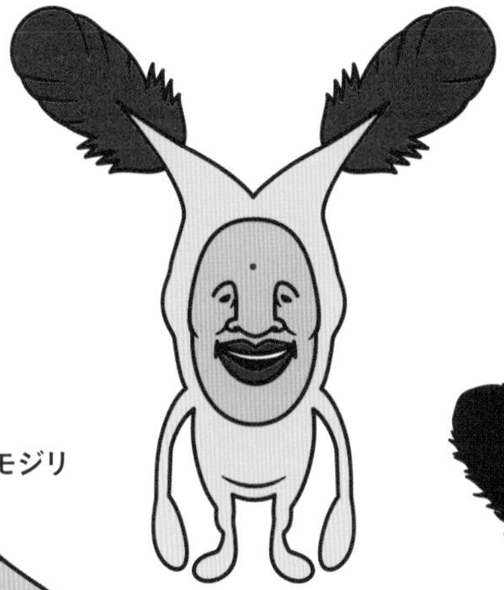

ホトケアカバネ

カクレモモジリ

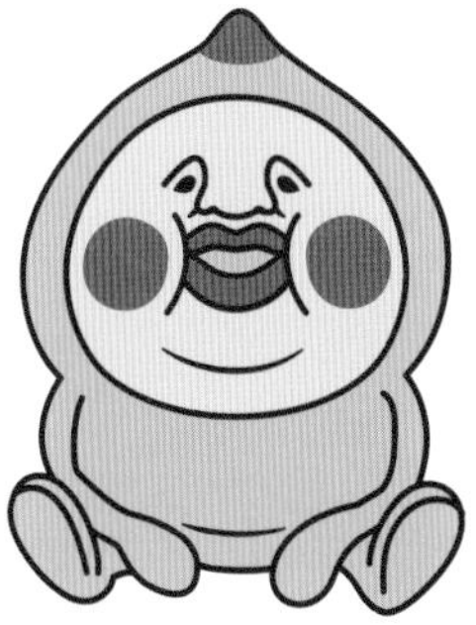

アラシクロバネ

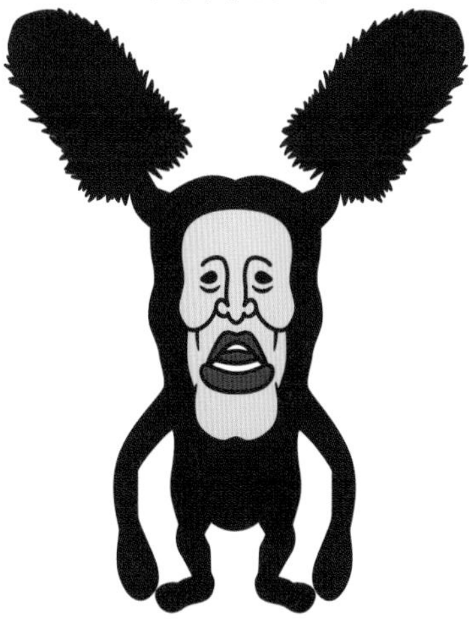

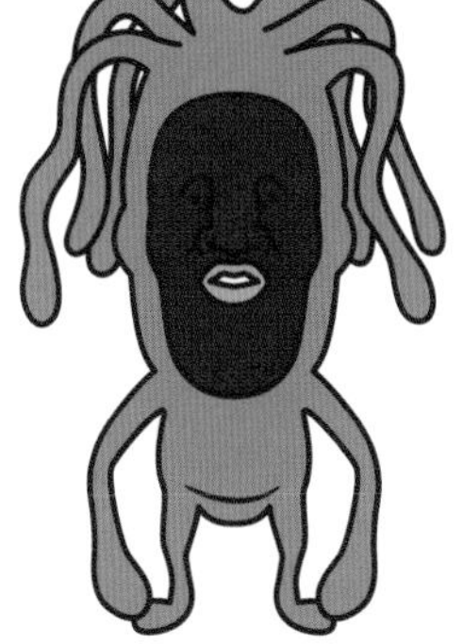

バイブスマダラ

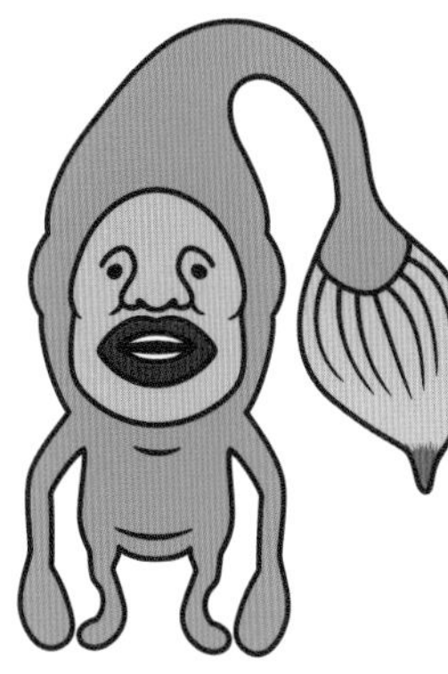

オオヒレカワコビト

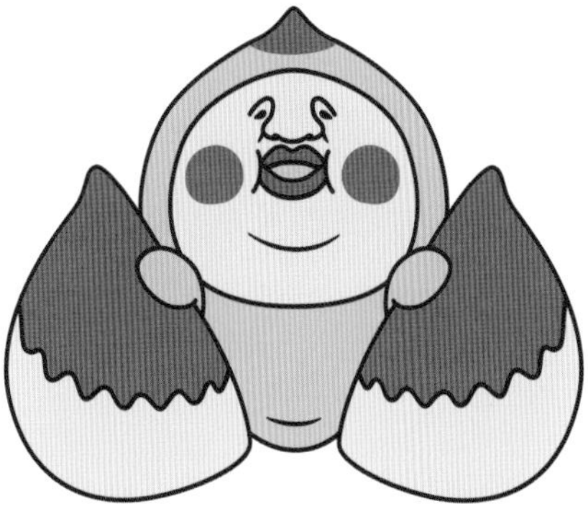

カクレモモジリ

# こびとのフェルト
# マスコット

作品→p.4

---

作品→p.4

**材料**

**〈共通〉**
手芸わた
手芸用接着剤

**〈カクレモモジリ〉**
フェルト／サンフェルト ミニー
体＝ピンク（103）…1枚
顔＝うすオレンジ（301）…7×7cm
刺繍糸／DMC25番…310、407、894、948、956
パステルまたはチーク（ピンク）

**〈クサマダラオオコビト〉**
フェルト／サンフェルト ミニー
体＝グリーン（443）…1枚
顔＝うす黄（331）…4×7cm
刺繍糸／DMC25番…153、310、552、702、782、3822

**〈リトルハナガシラ〉**
フェルト／サンフェルト ミニー
体＝濃いグリーン（440）…1枚
顔＝濃いベージュ（336）…4×6cm
トウチンの花びら＝ピンク（105）…8×6cm
トウチンの花心＝イエロー（383）…4×2cm
刺繍糸／DMC25番…310、699、973、3722、3826、3856、BLANC

**〈ベニキノコビト〉**
フェルト／サンフェルト ミニー
体＝イエロー（333）…1枚
顔＝濃いベージュ（336）…4×6cm
トウチンのかさのひだ＝白（703）…13×4cm
トウチンのかさ＝赤（113）…17×6cm
刺繍糸／DMC25番…310、725、817、3826、3856、BLANC

**作り方**

p.30を参考に作る。ステッチの刺し方はp.90を参照。

p.30を参考に作る。ステッチの刺し方はp.90を参照。

**〈ホトケアカバネ〉**
フェルト／サンフェルト ミニー
体＝イエロー（332）…1枚
顔＝うす茶（221）…4×6cm
羽根＝赤（114）…12×6cm
刺繍糸／DMC25番…300、307、310、349、407、817、3802、BLANC

**〈カクレケダマ〉**
フェルト／サンフェルト ミニー
体＝茶色（225）…1枚
顔＝濃いベージュ（336）…6×5cm
刺繍糸／DMC25番…310、400、602、898、3826、3856、BLANC

**〈アラシクロバネ〉**
フェルト／サンフェルト ミニー
体、羽根＝黒（790）…1枚
顔＝グレー（MB）…4×7cm
刺繍糸／DMC25番…310、415、552、930、BLANC

**〈オオヒレカワコビト〉**
フェルト／サンフェルト ミニー
体＝水色（583）…1枚
顔＝濃いベージュ（336）…4×6cm
トウチンのひれ＝濃い黄（334）…10×7cm
刺繍糸／DMC25番…310、777、782、946、3826、3845、3856、BLANC

〈カクレモモジリ〉

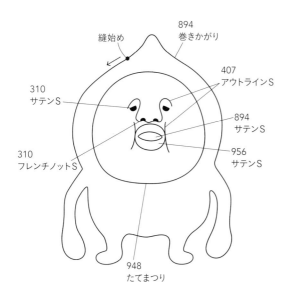

縫始め
894
巻きかがり
407
アウトラインS
310
サテンS
894
サテンS
310
フレンチノットS
956
サテンS
948
たてまつり

［出来上りサイズ］12×8cm

〈クサマダラオオコビト〉

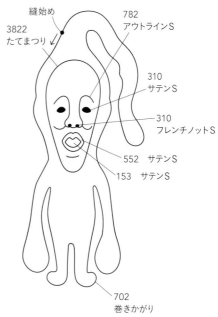

縫始め
3822
たてまつり
782
アウトラインS
310
サテンS
310
フレンチノットS
552　サテンS
153　サテンS
702
巻きかがり

［出来上りサイズ］14×5cm

〈リトルハナガシラ〉

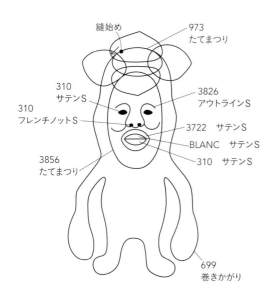

縫始め
973
たてまつり
310
サテンS
310
フレンチノットS
3826
アウトラインS
3722　サテンS
BLANC　サテンS
310　サテンS
3856
たてまつり
699
巻きかがり

［出来上りサイズ］13×6cm

〈ベニキノコビト〉

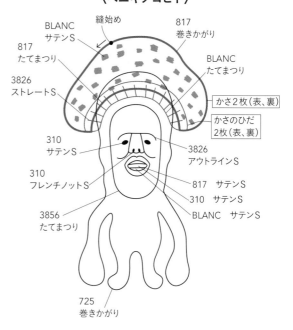

BLANC
サテンS
縫始め
817
巻きかがり
817
たてまつり
BLANC
たてまつり
3826
ストレートS
かさ2枚（表、裏）
かさのひだ
2枚（表、裏）
310
サテンS
3826
アウトラインS
310
フレンチノットS
817　サテンS
310　サテンS
BLANC　サテンS
3856
たてまつり
725
巻きかがり

［出来上りサイズ］13×8cm

※刺繍糸はすべて2本どり

〈ホトケアカバネ〉

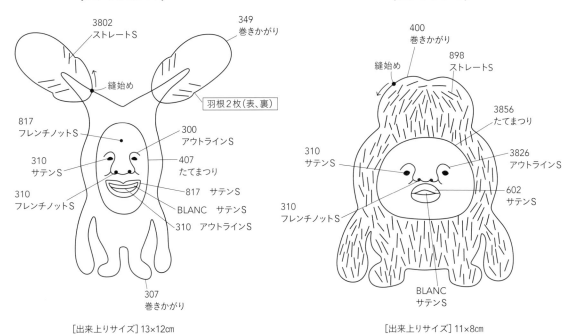

3802
ストレートS

349
巻きかがり

縫始め

羽根2枚（表、裏）

817
フレンチノットS

300
アウトラインS

310
サテンS

407
たてまつり

310
フレンチノットS

817　サテンS

BLANC　サテンS

310　アウトラインS

307
巻きかがり

［出来上りサイズ］13×12cm

〈カクレケダマ〉

400
巻きかがり

縫始め

898
ストレートS

3856
たてまつり

310
サテンS

3826
アウトラインS

310
フレンチノットS

602
サテンS

BLANC
サテンS

［出来上りサイズ］11×8cm

〈アラシクロバネ〉

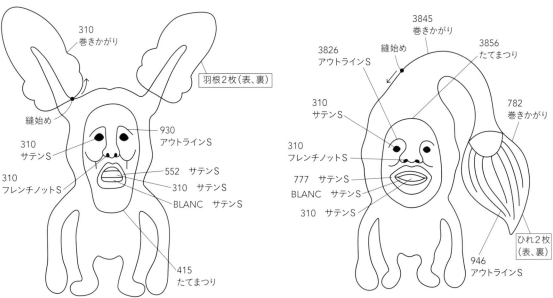

310
巻きかがり

羽根2枚（表、裏）

縫始め

930
アウトラインS

310
サテンS

310
フレンチノットS

552　サテンS

310　サテンS

BLANC　サテンS

415
たてまつり

［出来上りサイズ］15×12cm

〈オオヒレカワコビト〉

3845
巻きかがり

縫始め

3826
アウトラインS

3856
たてまつり

310
サテンS

782
巻きかがり

310
フレンチノットS

777　サテンS

BLANC　サテンS

310　サテンS

ひれ2枚
（表、裏）

946
アウトラインS

［出来上りサイズ］12×8cm

# ベビーのこびとぼうし

作品 →p.6、7　　型紙 →〈カクレモモジリ〉p.54、〈オオヒレカワコビト〉p.53

---

**〈カクレモモジリ〉**　[出来上りサイズ] 頭回り46cm、深さ17cm

**材料**

表布／フリース（ピンク）…70×30cm
裏布／プリント布（ピーチ柄）…70×30cm
面ファスナー…2cm幅4cm
布用ペン（ピンク）

**作り方**

① 表布、裏布にそれぞれ型紙を写し取り、裁断する

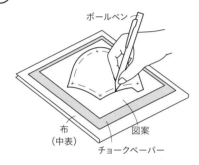

ボールペン
布（中表）
図案
チョークペーパー

② タックをたたんで縫いとめる（表布、裏布共通）

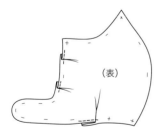

（表）

③ 表布、裏布それぞれ中表に合わせ、中央を縫う

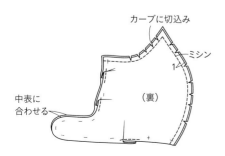

カーブに切込み
ミシン
1
（裏）
中表に合わせる

④ 表布と裏布を中表に合わせ、返し口を残して回りを縫う

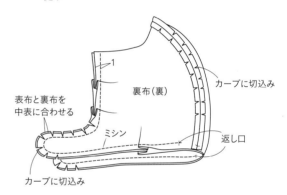

1
裏布（裏）
カーブに切込み
表布と裏布を中表に合わせる
ミシン
返し口
カーブに切込み

⑤ 表に返して返し口をまつり、面ファスナーをつける。布用ペンでトウチンを染める

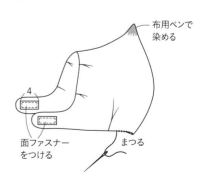

布用ペンで染める
4
面ファスナーをつける
まつる

## 〈オオヒレカワコビト〉 [出来上りサイズ] 頭回り 46cm、深さ 17cm

### 材料

表布／フリース (スカイブルー)…70×50cm
裏布／プリント布 (さかな柄)…70×30cm
ひれの布／フリース (イエロー)…25×15cm
面ファスナー…2cm幅4cm
布用ペン (オレンジ)

### 作り方

① 表布、裏布にそれぞれ型紙を写し取り、裁断する

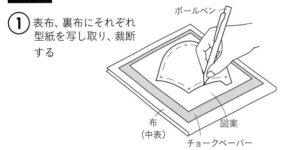

② 表布の前中心と後ろ中心を縫う

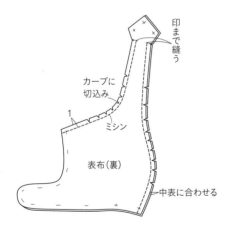

③ 裏布の中央を縫う

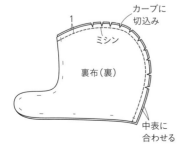

④ 表布と裏布を中表に合わせ、返し口を残して回りを縫う

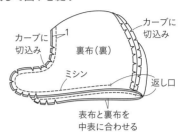

⑤ 表に返し、返し口をまつる

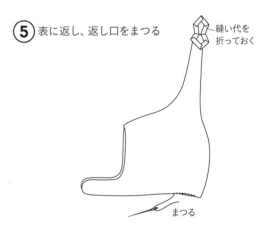

⑥ トウチンのひれを作り本体につける。面ファスナーをつける

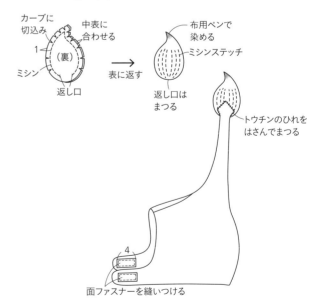

# こびとスタイと
# ベビーシューズ

作品 →p.6、7　　型紙 →p.54　　アップリケ図案 →p.95

---

## こびとスタイ　　[出来上りサイズ] 首回り 直径約8.5cm

### 材料

〈カクレモモジリ〉
表布／パイル（うすピンク）…30×30cm
裏布／ワッフル（うすピンク）…30×30cm
フェルト／サンフェルト ウォッシャブルフェルト
ピンク（RN-37）、うすオレンジ（RN-27）…各10×10cm
濃いピンク（RN-4）…6×6cm
うすピンク（RN-2）…3×3cm
刺繍糸／DMC25番…黒（310）
アップリケ用の糸…フェルトに合わせて刺繍糸を選ぶ
面ファスナー…2cm幅3cm

〈カクレケダマ〉
表布／パイル（クリーム）…30×30cm
裏布／ワッフル（クリーム）…30×30cm
フェルト／サンフェルト ウォッシャブルフェルト
茶（RN-6）、うすオレンジ（RN-22）…各10×10cm
赤（RN-18）、うすピンク（RN-2）…各4×4cm
刺繍糸／DMC25番…黒（310）、茶（921）
アップリケ用の糸…フェルトに合わせて刺繍糸を選ぶ
面ファスナー…2cm幅3cm

### 作り方　　アップリケテクニック→p.34、36

① 表布、裏布にそれぞれ型紙を写し取り、裁断する

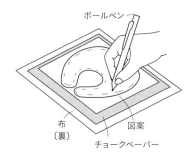

ボールペン
布（裏）
図案
チョークペーパー

② 表布にたてまつり（p.90）でフェルトのアップリケをする

表布（表）
アップリケをする

③ 表布と裏布を中表に合わせ、返し口を残して縫う

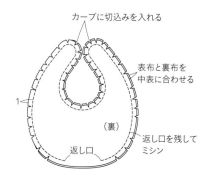

カーブに切込みを入れる
表布と裏布を中表に合わせる
1
（裏）
返し口を残してミシン
返し口

④ 表に返して返し口をまつり、面ファスナーをつける

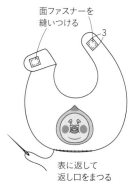

面ファスナーを縫いつける
3
表に返して返し口をまつる

## ベビーシューズ ［出来上りサイズ］11㎝

### 材料

〈共通〉
布用接着剤

〈カクレモモジリ〉
表布／パイル（うすピンク）…60×30㎝
裏布／ワッフル（うすピンク）…60×30㎝
ぼん天（ピンク）…2個

〈カクレケダマ〉
表布／パイル（クリーム）…60×30㎝
裏布／ワッフル（クリーム）…60×30㎝
ぼん天（茶）…2個

### 作り方

① 表布、裏布にそれぞれ型紙を写し取り、裁断する
（p.49の①参照）

② 表側面、裏側面それぞれ後ろ中心を縫う

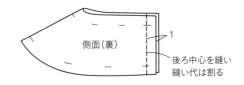

側面（裏） 1
後ろ中心を縫い
縫い代は割る

③ 表側面と裏側面を中表に合わせて縫う

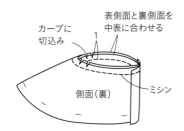

カーブに切込み
表側面と裏側面を中表に合わせる
1
側面（裏）
ミシン

④ 側面を表に返し、表側面と表底を中表に合わせて底を縫う

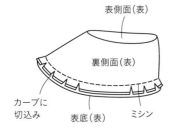

表側面（表）
裏側面（表）
カーブに切込み
表底（表）
ミシン

⑤ 表底と裏底を中表に合わせて縫う
（間に側面をはさむ）

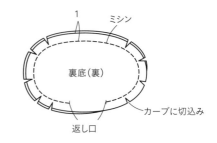

1
ミシン
裏底（裏）
カーブに切込み
返し口

⑥ 返し口から表に返して返し口をまつる

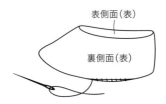

表側面（表）
裏側面（表）

⑦ 表に返してぼん天を接着剤でつける

ぼん天
表側面（表）

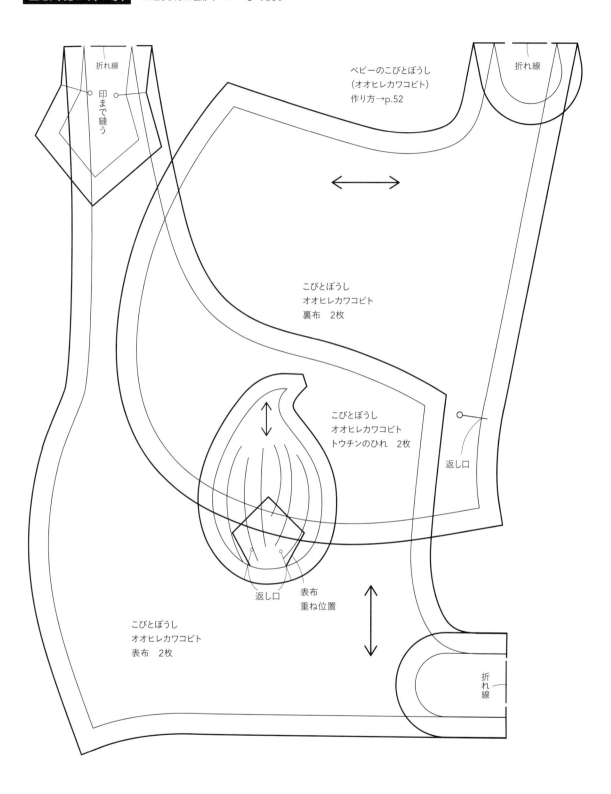

折れ線

印まで縫う

ベビーのこびとぼうし
（オオヒレカワコビト）
作り方→p.52

折れ線

こびとぼうし
オオヒレカワコビト
裏布　2枚

こびとぼうし
オオヒレカワコビト
トウチンのひれ　2枚

返し口

返し口

表布
重ね位置

こびとぼうし
オオヒレカワコビト
表布　2枚

折れ線

※200%に拡大コピーして使う

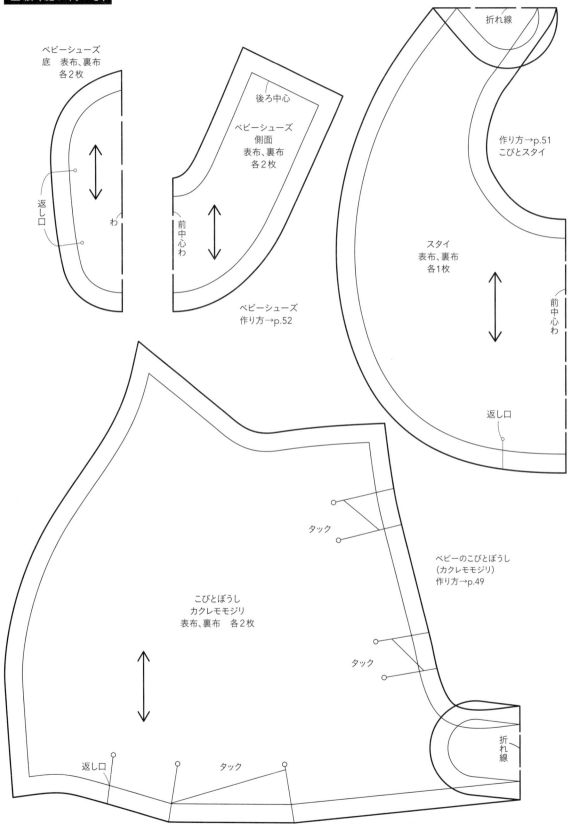

ベビーシューズ
底　表布、裏布
各2枚

返し口

わ

後ろ中心

ベビーシューズ
側面
表布、裏布
各2枚

前中心わ

ベビーシューズ
作り方→p.52

折れ線

作り方→p.51
こびとスタイ

スタイ
表布、裏布
各1枚

前中心わ

返し口

タック

ベビーのこびとぼうし
（カクレモモジリ）
作り方→p.49

こびとぼうし
カクレモモジリ
表布、裏布　各2枚

タック

折れ線

返し口

タック

# こびとぽんぽん

作品→p.20

## 〈カクレモモジリ〉

### 材料と用具

毛糸／
DARUMA メリノスタイル並太 23（さんご）…1玉
フェルト／サンフェルト
顔＝うすオレンジ（ウォッシャブルフェルトRN-22）
…6×5cm
手、足、ほほ＝ピンク（ミニー123）…10×10cm
刺繍糸／DMC25番…938、3708
つまようじ…4cmにカットしたもの
布用ペン（ピンク）
ぽんぽんメーカー…4.5cmサイズ
たこ糸、布用接着剤

### 作り方　基本テクニック→p.32

① 顔のフェルトを切り、刺繍をして顔を作る。

② 手、足はフェルトを型紙より大きめに切った2枚をはり合わせ、型紙どおりにカットする。

③ ぽんぽんを2つ作る。A、Bとも2本どりで88回ずつ毛糸を巻く。

④ ぽんぽんをつまようじを芯にしてつなげる。

⑤ ぽんぽんをカクレモモジリのシルエットにカットする。

⑥ 顔、手足を接着剤ではる。トウチンを布用ペンなどで色づけする。

### 〈ぽんぽんメーカー〉

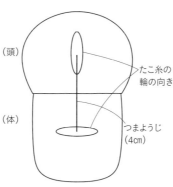

＊毛糸は2本どり
88回
A
4.5cm
B
88回
たこ糸結び目

### 〈つなげる向き〉

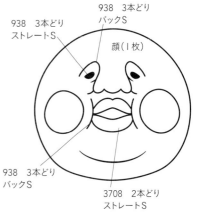

（頭）
（体）
たこ糸の輪の向き
つまようじ（4cm）

### 実物大型紙

938　3本どり　バックS
938　3本どり　ストレートS
顔（1枚）
938　3本どり　バックS
3708　2本どり　ストレートS

［出来上りサイズ］9×7cm

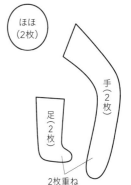

ほほ（2枚）
手（2枚）
足（2枚）
2枚重ね

55

# 〈クサマダラオオコビト〉

## 材料と用具

毛糸／
DARUMA メリノスタイル並太 22（エメラルド）…1玉
藤久　洗える合太 13（黄緑）…0.5玉
フェルト／サンフェルト
顔＝うすオレンジ（ウォッシャブルフェルト RN-22）
…6×5cm
手、足、トウチン＝グリーン（ミニー 440）
…10×15cmを2枚
刺繍糸／DMC25番…938、208
つまようじ…4cmにカットしたもの
ぽんぽんメーカー…4.5cmサイズ
たこ糸、布用接着剤

## 作り方　基本テクニック→p.32

① 顔のフェルトを切り、刺繍をして顔を作る。

② 手、足、トウチンはフェルトを型紙より大きめに切った2
　 枚をはり合わせ、型紙どおりにカットする。

③ ぽんぽんを2つ作る。A、Bともエメラルド2本と黄緑
　 1本の計3本どりで61回ずつ毛糸を巻く。

④ ぽんぽんをつまようじを芯にしてつなげる。

⑤ ぽんぽんをクサマダラオオコビトのシルエットにカット
　 する。

⑥ 顔、手、足、トウチンを接着剤ではる。

### 〈ぽんぽんメーカー〉

＊毛糸は3本どり（エメラルド2、黄緑1）

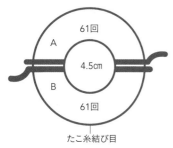

### 〈つなげる向き〉

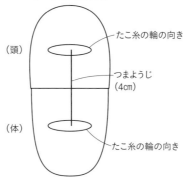

## 実物大型紙

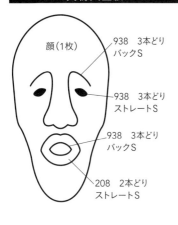

顔（1枚）

938　3本どり
バックS

938　3本どり
ストレートS

938　3本どり
バックS

208　2本どり
ストレートS

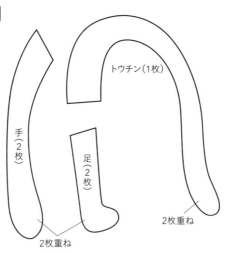

トウチン（1枚）

手（2枚）

足（2枚）

2枚重ね

2枚重ね

［出来上りサイズ］11×7cm

# 〈リトルハナガシラ〉

## 材料と用具

毛糸／
藤久　ジョリータイムⅡ07（深緑）…1玉
フェルト／サンフェルト
顔＝うすオレンジ（ウォッシャブルフェルトRN-22）
…5×5cm
手、足＝濃いグリーン（ミニー446）…12×8cm
トウチンの花びら＝ピンク（ミニー105）…5×14cm
トウチンの花心＝イエロー（ミニー383）…3×3cm
刺繍糸／DMC25番…938、347
つまようじ…4cmにカットしたもの
ぽんぽんメーカー…4.5cmサイズ
たこ糸、布用接着剤

## 作り方　基本テクニック→p.32

① 顔のフェルトを切り、刺繍をして顔を作る。
② 手、足はフェルトを型紙より大きめに切った2枚をはり合わせ、型紙どおりにカットする。
③ ぽんぽんを2つ作る。A、Bとも2本どりで46回ずつ毛糸を巻く。
④ ぽんぽんをつまようじを芯にしてつなげる。
⑤ ぽんぽんをリトルハナガシラのシルエットにカットする。
⑥ トウチンの花を下記を参考に作り、顔、手、足、トウチンの花を接着剤ではる。

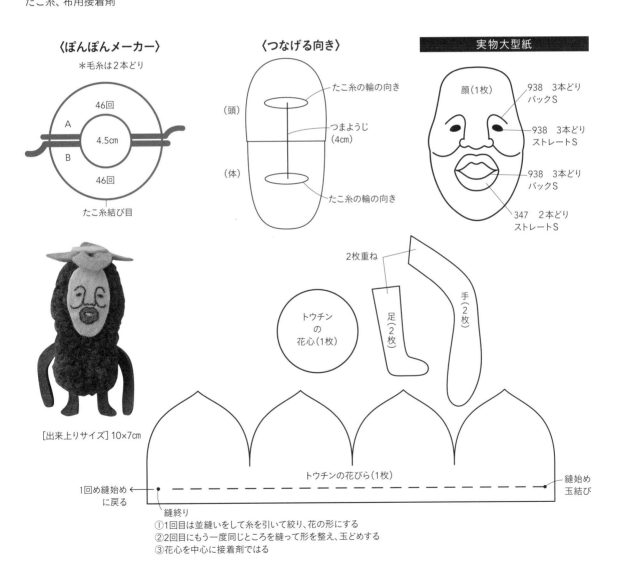

### 〈ぽんぽんメーカー〉
＊毛糸は2本どり
46回　A　4.5cm　B　46回
たこ糸結び目

### 〈つなげる向き〉
（頭）たこ糸の輪の向き
つまようじ（4cm）
（体）たこ糸の輪の向き

### 実物大型紙
顔（1枚）
938　3本どり　バックS
938　3本どり　ストレートS
938　3本どり　バックS
347　2本どり　ストレートS

2枚重ね
足（2枚）
手（2枚）
トウチンの花心（1枚）

トウチンの花びら（1枚）
1回め縫始めに戻る
縫終り
縫始め玉結び
①1回目は並縫いをして糸を引いて絞り、花の形にする
②2回目にもう一度同じところを縫って形を整え、玉どめする
③花心を中心に接着剤ではる

[出来上りサイズ] 10×7cm

# 〈ベニキノコビト〉

## 材料と用具

毛糸／
DARUMA メリノスタイル並太 24（レッド）…1玉
1（きなり）…1玉
20（イエロー）…1玉
フェルト／サンフェルト
顔＝うすベージュ（ウォッシャブルフェルト RN-22）
…5×5cm
手、足＝イエロー（ミニー304）…12×8cm
刺繍糸／DMC25番…938、347
つまようじ…4cmと5cmにカットしたもの
ぽんぽんメーカー…4.5cmサイズ、6.5cmサイズ
たこ糸、布用接着剤

## 作り方　基本テクニック→p.32

① 顔のフェルトを切り、刺繍をして顔を作る。
② 手、足はフェルトを型紙より大きめに切った2枚をはり合わせ、型紙どおりにカットする。
③ ぽんぽんを3つ作る。頭と体はそれぞれA、Bとも2本どりで86回ずつ毛糸を巻く。トウチンのかさはA、Bとも3本どりで75回ずつ巻く。
④ 頭と体のぽんぽんをつまようじ（4cm）を芯にしてつなげ、カットして形を整える。
⑤ トウチンのかさのぽんぽんをカットして形を整え、④につまようじ（5cm）を芯にしてつなげる。
⑥ 顔、手、足を接着剤ではる。

### 〈ぽんぽんメーカー〉

＊毛糸は3本どり（レッド2本、きなり1本）

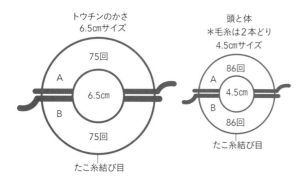

トウチンのかさ
6.5cmサイズ
75回
A
6.5cm
B
75回
たこ糸結び目

頭と体
＊毛糸は2本どり
4.5cmサイズ
86回
A
4.5cm
B
86回
たこ糸結び目

### 〈つなげる向き〉

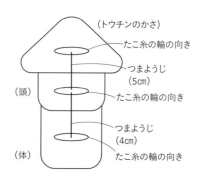

（トウチンのかさ）
たこ糸の輪の向き
つまようじ（5cm）
（頭）
たこ糸の輪の向き
つまようじ（4cm）
（体）
たこ糸の輪の向き

## 実物大型紙

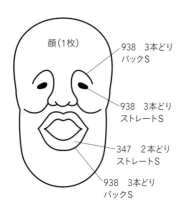

顔（1枚）
938　3本どり　バックS
938　3本どり　ストレートS
347　2本どり　ストレートS
938　3本どり　バックS

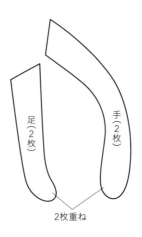

足（2枚）
手（2枚）
2枚重ね

［出来上りサイズ］14×7cm

# 〈アラシクロバネ〉

## 材料と用具

毛糸／
DARUMA メリノスタイル並太 12（ブラック）…1玉
フェルト／サンフェルト ミニー
顔＝うすグレー（MB）…7×5cm
手、足、トウチンの羽根＝黒（790）…14×16cm
刺繍糸／DMC25番…208、3799
つまようじ…4cmにカットしたもの
アートフラワー用ワイヤ（#22）…14cm×2本
ぽんぽんメーカー…4.5cmサイズ
たこ糸、布用接着剤

## 作り方　基本テクニック→p.32

① 顔のフェルトを切り、刺繍をして顔を作る。

② トウチンの羽根はフェルトを型紙どおりに4枚カットしておく。手、足はフェルトを型紙より大きめに切った2枚をはり合わせ、型紙どおりにカットする。

③ ぽんぽんを2つ作る。A、Bとも2本どりで84回ずつ毛糸を巻く。

④ ぽんぽんをつまようじを芯にしてつなげる。

⑤ ぽんぽんをアラシクロバネのシルエットに、カットする。

⑥ 顔、手、足を接着剤ではる。

⑦ 羽根を下記を参考に作り、羽根の軸に接着剤をつけて頭に差し込む。

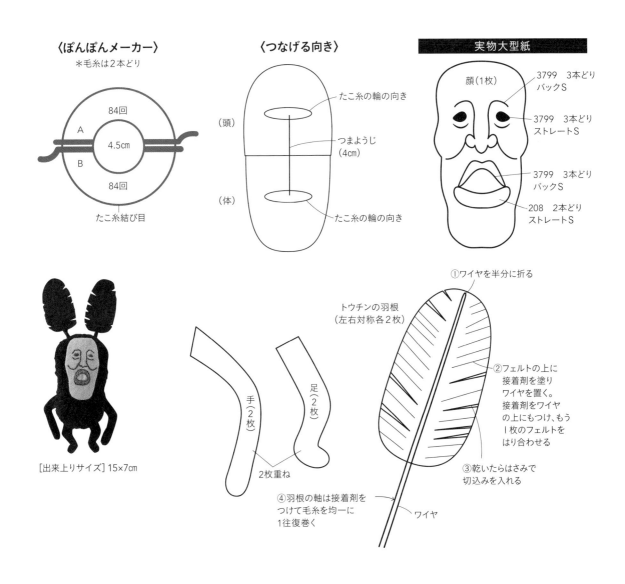

〈ぽんぽんメーカー〉
＊毛糸は2本どり
84回　A　4.5cm　B　84回
たこ糸結び目

〈つなげる向き〉
たこ糸の輪の向き
（頭）
つまようじ（4cm）
（体）
たこ糸の輪の向き

実物大型紙
顔（1枚）
3799　3本どり　バックS
3799　3本どり　ストレートS
3799　3本どり　バックS
208　2本どり　ストレートS

[出来上りサイズ] 15×7cm

手（2枚）
足（2枚）
2枚重ね
④羽根の軸は接着剤をつけて毛糸を均一に1往復巻く

トウチンの羽根（左右対称各2枚）
①ワイヤを半分に折る
②フェルトの上に接着剤を塗りワイヤを置く。接着剤をワイヤの上にもつけ、もう1枚のフェルトをはり合わせる
③乾いたらはさみで切込みを入れる
ワイヤ

59

# こびとクロス・ステッチ

作品→p.10

| 〈カクレモモジリ〉 | 〈クサマダラオオコビト〉 | 〈リトルハナガシラ〉 | 〈バイブスマダラ〉 | 〈ベニキノコビト〉 | 〈ガルシアとカクレモモジリ〉 |
|---|---|---|---|---|---|
| 604 | 704 | 351 | 729 | 3047 | 604 |
| 951 | 676 | 728 | 3829 | 3821 | 951 |
| 3827 | 834 | 945 | 869 | 3856 | 351 |
| 310 | 310 | 3821 | 310 | 436 | 739 |
| 3774 | 3836 | 310 | 3827 | BLANC | 3862 |
| | 153 | BLANC | | 310 | BLANC |
| | | 3778 | | 351 | 310 |
| | | 3812 | | 606 | 3781 |

〈カクレモモジリ〉　〈クサマダラオオコビト〉　〈リトルハナガシラ〉

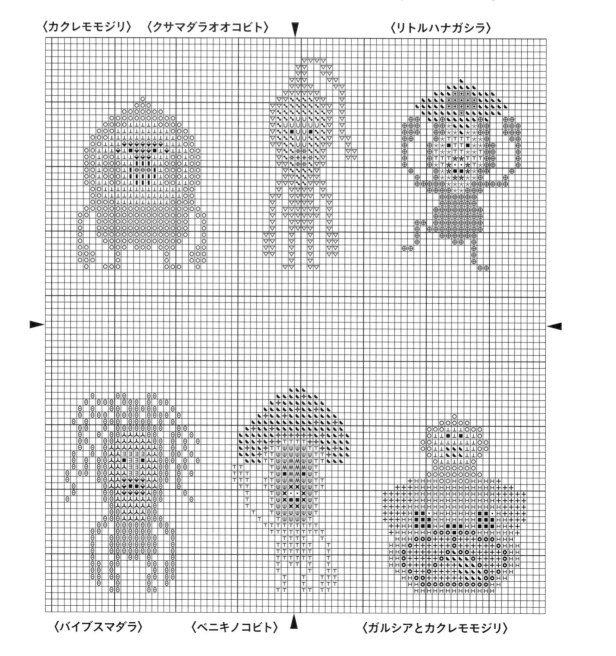

〈バイブスマダラ〉　〈ベニキノコビト〉　〈ガルシアとカクレモモジリ〉

## 材料

**〈共通〉**

リネン（11目／1cm）白…適宜

## 刺し方

p.44 「クロス・ステッチのしかた」を参考に、チャート指定の糸でリネンに刺す。数字はDMC25番刺繍糸の色番号。すべて2本どり。

| 〈ホトケアカバネ〉 | 〈ナツノツマミ〉 | 〈カクレケダマ〉 | 〈アラシクロバネ〉 | 〈オオヒレカワコビト〉 | 〈イヤシミドリバネ〉 |
|---|---|---|---|---|---|
| ◣◣ 351 | ␒␒ 703 | ⋈⋈ 436 | ♥♥ 3799 | △△ 744 | ✕✕ 906 |
| ◪◪ 725 | ⓎⓎ 3855 | ◣◣ 3862 | ⊐⊐ 3817 | ⊤⊤ 3821 | ▼▼ 741 |
| ★★ 945 | ◪◪ 725 | ★★ 945 | ✳✳ 3816 | ◺◺ 996 | ⓏⓏ 729 |
| ⦚⦚ 437 | ■■ 310 | ⦚⦚ 437 | ⦚⦚ 340 | ≈≈ 833 | 人人 3829 |
| ✕✕ 606 | ✳✳ 758 | ⌒⌒ 3341 | ■■ 310 | ∙∙ BLANC | ⓊⓊ 3856 |
| ∙∙ BLANC | ⊕⊕ 3774 | ∙∙ BLANC | ∙∙ BLANC | ■■ 310 | ∙∙ BLANC |
| ■■ 310 | ■■ 310 | ■■ 310 | | ◈◈ 3859 | ■■ 310 |

〈ホトケアカバネ〉　　　　　　〈ナツノツマミ〉▼　　　　　　　　　　　〈カクレケダマ〉

〈アラシクロバネ〉　　〈オオヒレカワコビト〉▲　　　　　〈イヤシミドリバネ〉

# こびとビーズブローチ

作品→p.12

## 材料

〈共通〉
フェルト 厚さ2mm（白）…10×10cm
合皮 厚さ1mm（白）…10×10cm
ビーズステッチ用糸
2.5cmブローチ金具…1個

〈ビーズ〉
MIYUKI デリカビーズDBを使用。
数字はカラーナンバー、
数は目安。

〈カクレモモジリ〉
DB2116…410個
DB2117…50個
DB866…30個
DB206…30個
DB310…10個
DB70…10個
縁とり用／DB202…100個

〈クサマダラオオコビト〉
DB1768…320個
DB771…150個
DB1703…30個
DB1755…20個
DB310…10個
DB1756…10個
縁とり用／DB202…110個

〈リトルハナガシラ〉
DB2117…240個
DB1764…200個
DB1803…110個
DB1592…50個
DB1703…30個
DB796…20個
DB2114…20個
DB310…10個
DB202…10個
縁とり用／DB202…110個

## 作り方

p.34を参考にして作る。

〈ベニキノコビト〉
DB791…400個
DB2102…200個
DB852…140個
DB1732…60個
DB352…30個
DB204…20個
DB791…20個
DB310…10個
DB202…10個
縁とり用／DB202…120個

〈ホトケアカバネ〉
DB1572…280個
DB159…200個
DB2111…120個
DB1703…20個
DB796…20個
DB310…10個
DB202…10個
縁とり用／DB202…150個

〈ガルシア〉
DB2142…310個
DB1703…140個
DB680…100個
DB70…40個
DB202…10個
DB2117…10個
DB310…10個
DB10…40個
DB200…4個
縁とり用／DB202…110個

〈カクレモモジリ〉

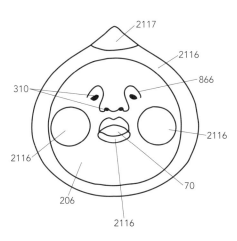

〈クサマダラオオコビト〉

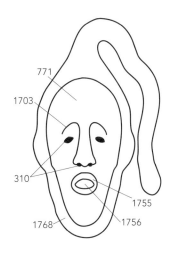

〈リトルハナガシラ〉

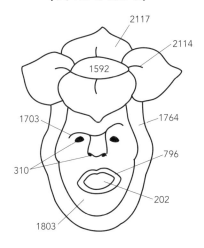

〈ベニキノコビト〉

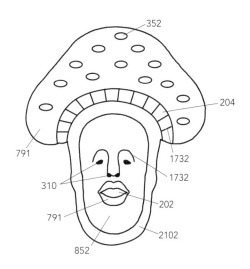

〈ホトケアカバネ〉

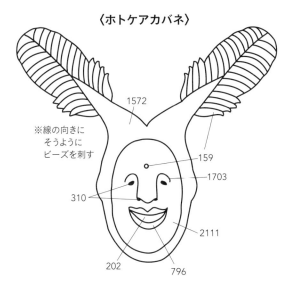

※線の向きに
そうように
ビーズを刺す

〈ガルシア〉

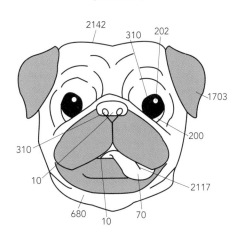

# こびとキッズぼうし

作品→p.14

## 〈カクレモモジリ〉　[出来上りサイズ] 頭回り54㎝、深さ17㎝

### 材料と用具

糸／
毛糸ピエロ　ベーシックコットン カラーズ
（1袋5玉入り・30g玉巻き）
フラミンゴピンク (22) …5g、
サクララヴァー (13) …55g
4/0号かぎ針、とじ針

### ゲージ

長編み21目10.5段が10㎝四方

### 作り方

糸は1本どりで指定の配色で編む。

本体は輪の作り目をし、細編みで増しながら5段編む。6段めからは長編みで増しながら17段まで編み、18段めからは増減なく編む。23段めは細編みで編む。最後はチェーンつなぎで始末する。

---

本体(1枚)

サクララヴァー＝□　　フラミンゴピンク＝■

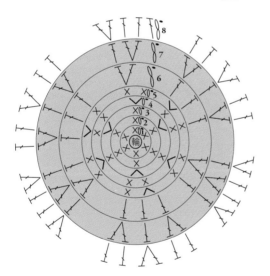

目数表

| 段 | 目数 | 増目数 |
|---|---|---|
| 18〜23 | 113目 | 増減なし |
| 17 | 113目 | 5目増す |
| 16 | 108目 | |
| 15 | 99目 | |
| 14 | 90目 | |
| 13 | 81目 | |
| 12 | 72目 | 毎段9目<br>増す |
| 11 | 63目 | |
| 10 | 54目 | |
| 9 | 45目 | |
| 8 | 36目 | |
| 7 | 27目 | |
| 6 | 18目 | |
| 5 | 15目 | 毎段3目<br>増す |
| 4 | 12目 | |
| 3 | 9目 | |
| 2 | 6目 | 増減なし |
| 1 | 6目 | |

※9段めからはp.67本体5段めからと同様にサクララヴァーで編む。

∨＝ 細編み2目編み入れる

製図

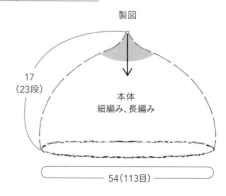

17
（23段）

本体
細編み、長編み

54（113目）

## 〈リトルハナガシラ〉　[出来上りサイズ] 頭回り54cm、深さ16cm

**材料と用具**

糸／
毛糸ピエロ　ベーシックコットン カラーズ
(1袋5玉入り・30g玉巻き)
ピーコックグリーン (24) …55g、
フレンチミモザ (12) …10g、
フラミンゴピンク (22) …15g
手芸わた
4/0号、6/0号かぎ針、とじ針

**ゲージ**

長編み21目10.5段が10cm四方

**作り方**

糸は1本どりで指定の配色で編む。

針は指定以外4/0号針で編む。

① 本体は輪の作り目をし、細編みで増しながら3段編む。4段めからは長編みで増しながら13段まで編み、14段めからは増減なく編む。19段めは細編みで編む。最後はチェーンつなぎで始末する。

② トウチンの花心は輪の作り目をし、細編みで増しながら11段編む。同様に2枚編む。

③ 花心を外表に重ね、回りを6/0号針で引抜き編みをわたを詰めながら編む。

④ トウチンの花びらは2本どり、6/0号針で編む。鎖10目作り目し、増しながら3段編む。同様に4枚編む。

⑤ 花びらは4枚並べ、回りを6/0号針で引抜き編みで編んでつなぐ。

⑥ 花びらの中央に花心を置き、まつりつける。

⑦ 本体のトップに⑥をまつりつける。

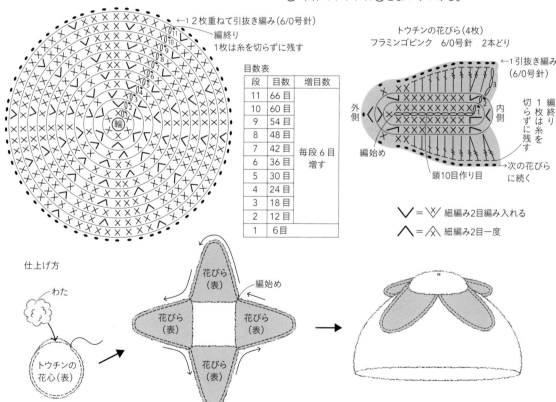

トウチンの花心(2枚)
フレンチミモザ

←12枚重ねて引抜き編み(6/0号針)
編終り
1枚は糸を切らずに残す

**目数表**

| 段 | 目数 | 増目数 |
|---|---|---|
| 11 | 66目 | |
| 10 | 60目 | |
| 9 | 54目 | |
| 8 | 48目 | |
| 7 | 42目 | 毎段6目増す |
| 6 | 36目 | |
| 5 | 30目 | |
| 4 | 24目 | |
| 3 | 18目 | |
| 2 | 12目 | |
| 1 | 6目 | |

トウチンの花びら(4枚)
フラミンゴピンク　6/0号針　2本どり

←1引抜き編み(6/0号針)
編終り　1枚は糸を切らずに残す
外側
内側
編始め
鎖10目作り目
次の花びらに続く

∨ = 細編み2目編み入れる

∧ = 細編み2目一度

**仕上げ方**

わた
トウチンの花心(表)

花びら(表)
編始め
花びら(表)　花びら(表)
花びら(表)

1. トウチンの花心2枚を外表に重ね、残した糸で回りを6/0号針で引抜き編みを編む。途中、わたを詰めながら編む。編終りの糸端は長く残しておく

2. トウチンの花びらを並べ、残した糸で回りを6/0号針で引抜編みを編んでつなぐ

3. トウチンの花びらの中央に花心を置き、まつりつける

4. 本体とトウチンの花心の中央(輪の編始め)を重ねて合わせ、本体にまつりつける

本体記号図、製図はp.67

# 〈ホトケアカバネ〉 [出来上りサイズ] 頭回り54㎝、深さ16㎝

## 材料と用具

糸／
毛糸ピエロ　ベーシックコットン カラーズ
（1袋5玉入り・30g玉巻き）
フレンチミモザ（12）…80g、
チェリーレッド（25）…10g
手芸わた
4/0号かぎ針、とじ針

## ゲージ

長編み21目10.5段が10cm四方

## 作り方

糸は1本どりで指定の配色で編む。

① 本体は輪の作り目をし、細編みで増しながら3段編む。4段めからは長編みで増しながら13段まで編み、14段めからは増減なく編む。19段めは細編みで編む。最後はチェーンつなぎで始末する。

② トウチンは輪の作り目をし、細編みで増しながら24段編む。同様に2枚編む。

③ トウチンの羽根は鎖18目作り目し、増しながら3段編む。同様に2枚編む。

④ トウチンにわたを詰め、先に羽根をまつりつける。

⑤ 本体に④をまつりつける。

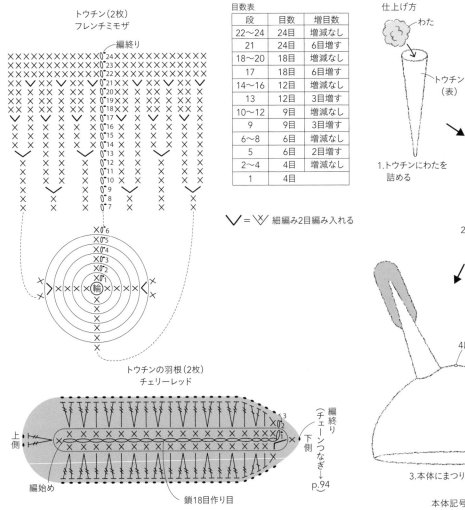

トウチン（2枚）
フレンチミモザ

編終り

| 目数表 | | |
|---|---|---|
| 段 | 目数 | 増目数 |
| 22〜24 | 24目 | 増減なし |
| 21 | 24目 | 6目増す |
| 18〜20 | 18目 | 増減なし |
| 17 | 18目 | 6目増す |
| 14〜16 | 12目 | 増減なし |
| 13 | 12目 | 3目増す |
| 10〜12 | 9目 | 増減なし |
| 9 | 9目 | 3目増す |
| 6〜8 | 6目 | 増減なし |
| 5 | 6目 | 2目増す |
| 2〜4 | 4目 | 増減なし |
| 1 | 4目 | |

∨ = ∨ 細編み2目編み入れる

トウチンの羽根（2枚）
チェリーレッド

上側
下側

編終り（チェーンつなぎ→p.94）

編始め

鎖18目作り目

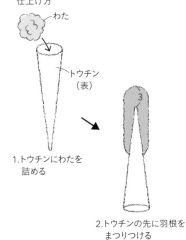

仕上げ方

わた

トウチン（表）

1.トウチンにわたを詰める

2.トウチンの先に羽根をまつりつける

4段

3.本体にまつりつける

本体記号図、製図はp.67

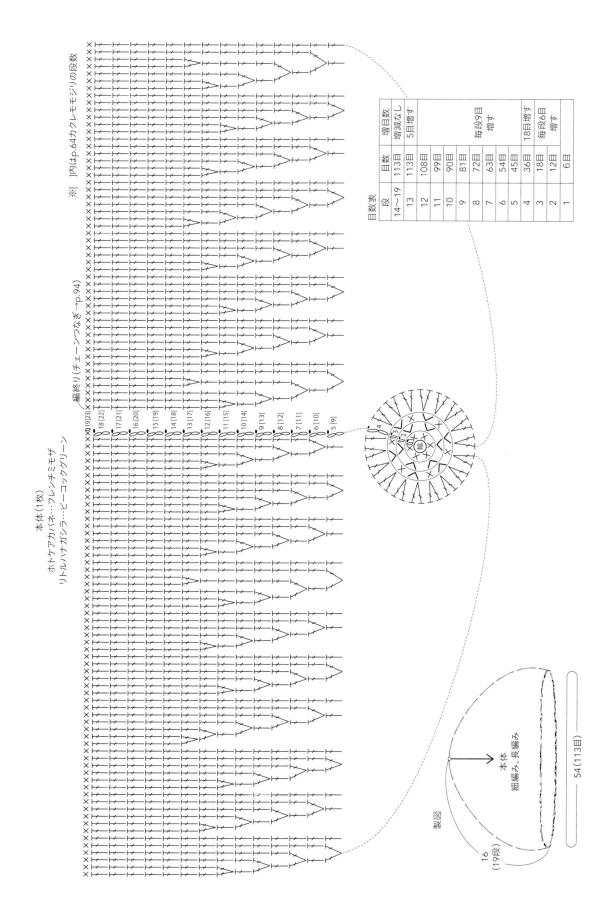

※[　]内はp.64カクレモミジリの段数

編終り（チェーンつなぎ→p.94）

本体（1枚）
ホトケアカバネ…フレンチミモザ
リトルハナガシラ…ピーコックグリーン

| 目数表 | | | |
|---|---|---|---|
| 段 | 目数 | 増目数 | |
| 14～19 | 113目 | 増減なし | |
| 13 | 113目 | 5目増す | |
| 12 | 108目 | | |
| 11 | 99目 | | |
| 10 | 90目 | | |
| 9 | 81目 | | |
| 8 | 72目 | 毎段9目<br>増す | |
| 7 | 63目 | | |
| 6 | 54目 | | |
| 5 | 45目 | | |
| 4 | 36目 | 18目増す | |
| 3 | 18目 | 毎段6目<br>増す | |
| 2 | 12目 | | |
| 1 | 6目 | | |

製図

本体
細編み、長編み

16
(19段)

54(113目)

# こびとペンキャップ

作品→p.18　形の目安→p.71　＊羊毛の番号はハマナカ　ウールキャンディ・シュクル (1袋20g) の色番号です　＊「リトルハナガシラ」の材料、作り方はp.38

## 〈カクレモモジリ〉　［出来上りサイズ］5.5×4.5cm

### 材料

羊毛／
ベース、頭＝ピンク (22に56を少し混ぜる) …3g
トウチンの先、くちびる、
ほほ＝濃いピンク (56) …少量
顔＝ベージュ (29) …2g
目、口の中＝こげ茶 (41) …少量
舌＝うすピンク (22) …少量

### 作り方　p.38「リトルハナガシラ」を参考に作る

前　　　横　　　後ろ

## 〈クサマダラオオコビト〉　［出来上りサイズ］7×4cm

### 材料

羊毛／
ベース、頭、トウチン＝
グリーン (40に27を少し混ぜる) …3g
くちびる、舌＝
むらさき (ハマナカ フェルト羊毛ソリッド57) …少量
顔＝ベージュ (42) …2g
目＝こげ茶 (41) …少量

### 作り方　p.38「リトルハナガシラ」を参考に作る

前　　　横　　　後ろ

## 〈ベニキノコビト〉　［出来上りサイズ］6.5×5cm

### 材料

羊毛／
ベース、頭＝イエロー (35) …3g
トウチンのかさ、くちびる＝赤 (24) …3g
トウチンのかさのひだ、模様＝白 (801) …2g
顔＝ベージュ (29) …2g
目、口の中＝こげ茶 (41) …少量
歯＝白 (1) …少量

### 作り方　p.38「リトルハナガシラ」を参考に作る

前　　　横　　　後ろ

## 〈オオヒレカワコビト〉　［出来上りサイズ］7.5×6cm

### 材料

羊毛／
ベース、頭、トウチン＝青 (58) …3g
トウチンのひれ＝イエロー (35) …2g
トウチンのひれの模様＝オレンジ (5) …少量
顔＝ベージュ (29) …2g
くちびる＝赤 (24) …少量
目、口の中＝こげ茶 (41) …少量
歯＝白 (1) …少量

### 作り方　p.38「リトルハナガシラ」を参考に作る

前　　　横　　　後ろ

# カクレモモジリのマグネット・ブローチ・ヘアゴム

作品→p.19　形の目安 →p.71　＊羊毛の番号はハマナカ ウールキャンディ・シュクル（1袋20g）の色番号です

---

## 〈カクレモモジリのマグネット〉　［出来上りサイズ］4.5×4.5cm

### 材料

羊毛／
ベース＝ピンク（22）…3g
頭＝ピンク
（22に56を少し混ぜる）…1g
マグネットをおおう羊毛＝
ピンク（22に56を少し混ぜる）
…少量
トウチンの先、くちびる、ほほ＝
濃いピンク（56）…少量
顔＝ベージュ（29）…2g
目、口の中＝
こげ茶（41）…少量
強力マグネット（直径2cm）
…1個

### 作り方　基本テクニック→p.36、38

① ベースの羊毛を直径2cmほどの球状に軽く刺し固める

4.5
フェルティングニードル

② 頭の羊毛で①の顔以外をおおうように刺し、トウチンを作りながら刺し固める

③ 後ろをニードルで刺してマグネット大にへこませ、マグネットをはめ込む

後ろ
へこませる

④ マグネットをおおう羊毛で、マグネットをおおって隠すように刺しつける

マグネット
マグネットをおおう羊毛

⑤ 顔を、口、額、目、ほほ、鼻の順に刺しつけながら作る。顔の縁は頭のピンクで1mmほど段差をつける

0.1cmほど盛り上げる

---

## 〈カクレモモジリのブローチ〉　［出来上りサイズ］4.5×4.5cm

### 材料

羊毛／
カクレモモジリのマグネット
参照
2cm丸皿つきブローチピン…1個
瞬間接着剤

### 作り方　基本テクニック→p.36、38

① 「カクレモモジリのマグネット」の①、②、⑤を参考に本体を作る

② 後ろに接着剤をつけた丸皿つきブローチピンをはりつける

後ろ
丸皿つきブローチピン

---

## 〈カクレモモジリのヘアゴム〉　［出来上りサイズ］4.5×4.5cm

### 材料

羊毛／
カクレモモジリのマグネット
を参照
とめパーツ＝ピンク
（22に56を少し混ぜる）
…少量
ヘアゴム（ピンク）…1個

### 作り方　基本テクニック→p.36、38

① 「カクレモモジリのマグネット」の①、②、⑤を参考に本体と、1×2.5cmのとめパーツを作る

1
2.5

② 本体の後ろにヘアゴムをとめパーツで縫いとめる

後ろ
ヘアゴム
縫いとめる
とめパーツ

# こびとコースター、
# こびとランチョンマット

作品→p.16、17　＊羊毛の番号はハマナカ ウールキャンディ・シュクル（1袋20g）の色番号です　＊ベニキノコビトのコースターの材料、作り方はp.36

## 〈カクレモモジリのコースター〉

**材料**　[出来上りサイズ] 直径10cm

羊毛／ベース＝ピンク（22に56を少し混ぜる）…5g
トウチンの先、くちびる、ほほ＝濃いピンク（56）…少量
顔＝ベージュ（29）…1g
目、口の中＝こげ茶（41）…少量
舌＝うすピンク（22）…少量

**作り方**　p.36「ベニキノコビトのコースター」を参考にして作る

① ベースを作る

② 図案を転写する

③ 図案に顔を描く
ように羊毛を刺
しつける

額・鼻は0.1cmほど
厚くして立体感を出す

## 〈クサマダラオオコビトのコースター〉

**材料**　[出来上りサイズ] 10×10cm

羊毛／ベース＝イエロー（35）…5g
頭、トウチン、手＝グリーン（40に27を少し混ぜる）…少量
顔＝ベージュ（42）…2g
くちびる、舌＝むらさき（4に56を少し混ぜる）…少量
目＝こげ茶（41）…少量

**作り方**　p.36「ベニキノコビトのコースター」を参考にして作る

① ベースを作る

② 図案を転写する

③ 図案に顔を描く
ように羊毛を刺
しつける

トウチンは0.1cmほど
厚くして立体感を出す

## 〈カクレモモジリのランチョンマット〉

**材料**　[出来上りサイズ] 25×28cm

羊毛／ベース＝ベージュ（801）…20g
水玉、体、手＝ピンク（22に56を少し混ぜる）…5g
トウチンの先、くちびる、桃の上、ほほ＝濃いピンク（56）…1g
顔＝ベージュ（801）…1g
目、口の中＝こげ茶（41）…少量
舌＝うすピンク（22）…少量
桃の下＝イエロー（35）…少量

**作り方**　p.36「ベニキノコビトのコースター」を参考にして作る

① ベースを作る

② 図案を転写する

③ 図案に羊毛を刺しつける

額、鼻は0.1cmほど厚くして
立体感を出す

## 〈クサマダラオオコビトのランチョンマット〉

**材料**　[出来上りサイズ] 22×28cm

羊毛／ベース＝きみどり（3）…20g
水玉、顔、トウチンの花びら＝ベージュ（42）…5g
体＝グリーン（40に27を少し混ぜる）…3g
くちびる、舌＝
むらさき（4に56を少し混ぜる）…少量
目＝こげ茶（41）…少量
トウチンの花心＝イエロー（35）…少量

**作り方**　p.36「ベニキノコビトのコースター」を参考にして作る

① ベースを作る

② 図案を転写する

③ 図案に羊毛を刺しつける

額、鼻は0.1cmほど厚くして
立体感を出す

**羊毛フェルト図案** ※200%に拡大コピーして使う

【p.68こびとペンキャップ、p.69マグネット・ブローチ・ヘアゴム、p.72〜78こびとのちいさなあみぐるみ】
それぞれの作品の形の目安として参考にする。各羊毛の色は、ペンキャップ（p.68）を参照。

マグネット・
ブローチ・
ヘアゴムの
大きさの目安

〈カクレモモジリ〉

〈クサマダラオオコビト〉

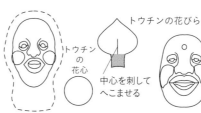

トウチンの
花心

トウチンの花びら

中心を刺して
へこませる

〈リトルハナガシラ〉

〈ホトケアカバネ〉

〈バイブスマダラ〉

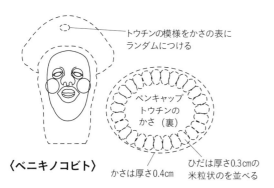

トウチンの模様をかさの表に
ランダムにつける

ペンキャップ
トウチンの
かさ（裏）

〈ベニキノコビト〉

かさは厚さ0.4cm

ひだは厚さ0.3cmの
米粒状のを並べる

毛足を残す

ペンキャップの形の目安

ラインを刺して
へこませる

〈オオヒレカワコビト〉

**Point**
まぶたは厚さ1mm、ほほ、くちびる
は2mm、鼻は3mm程度の高さに厚
みをつけながら立体的に刺しつけ
る。部位ごとの境目は、ニードル
で何度も刺してへこませて作る。

**こびとコースター、こびとランチョンマット図案** ※200%に拡大コピーして使う

【p.70ランチョンマット】

ランチョンマットの水玉

〈クサマダラオオコビト〉

【p.70コースター】

〈クサマダラオオコビト〉

〈カクレモモジリ〉

〈カクレモモジリ〉

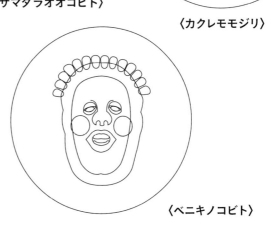

〈ベニキノコビト〉

71

# ちいさなこびとあみぐるみ

作品→p.8

## 〈カクレモモジリ〉

### 材料と用具

糸／ハマナカ ピッコロ（25g玉巻き）
淡ピンク（40）…7g、ピンク（4）…少々
羊毛／ハマナカ ウールキャンディ・シュクル（1袋20g）
ベージュ（42）、ピンク（56）、黒（9）、
うすピンク（22）…各少々
手芸わた
4/0号かぎ針、とじ針、フェルティングニードル

### 作り方　基本テクニック→p.40

糸は1本どりで指定の配色で編む。

① 各パーツを編む。

② トウチン、頭、体、手、つま先にわたを入れる。手は手先のみにわたを入れる。

③ 足を半分に折り、巻きかがりでとじる。つま先に足を差し込み、絞って巻きかがりでつける。

④ 頭に体、手、③の足を巻きかがりでつける。

⑤ 体の後ろ側におしりを裏を外側にして巻きかがりでつける。

⑥ 顔をフェルティングしながら（p.38の⑥～⑨参照）、頭の前側につける。

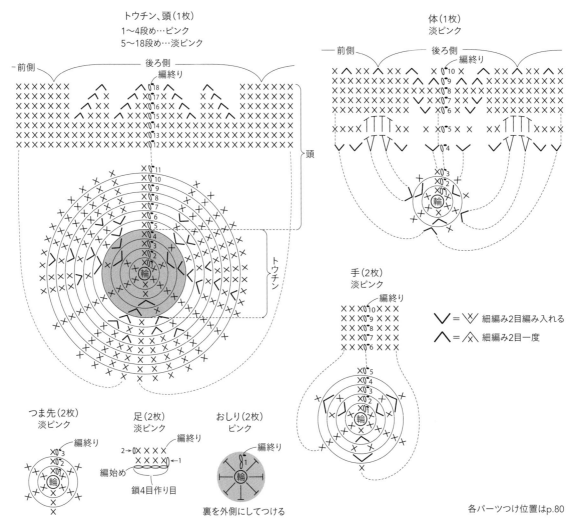

各パーツつけ位置はp.80

## 〈クサマダラオオコビト〉

### 材料と用具

糸／ハマナカ ピッコロ（25g玉巻き）
グリーン（24）…8g
羊毛／ハマナカ ウールキャンディ・シュクル（1袋20g）
クリーム色（811）、紫（57）、黒（9）…各少々
テクノロート　直径0.4mm…30cmを1本
手芸わた
4/0号かぎ針、とじ針、フェルティングニードル

### 作り方　基本テクニック→p.40

糸は1本どりで編む。
① 各パーツを編む。
② 頭、体、手、つま先にわたを入れる。手は手先のみにわたを入れる。
③ 足を半分に折り、巻きかがりでとじる。つま先に足を差し込み、絞って巻きかがりでつける。
④ トウチンを半分に折り、巻きかがりでとじ、テクノロートを差し込む。
⑤ 頭に体、手、③の足を巻きかがりでつける。
⑥ 頭にトウチンを巻きかがりでつける。
⑦ 顔をフェルティングしながら（p.38の⑥〜⑨参照）、頭の前側につける。

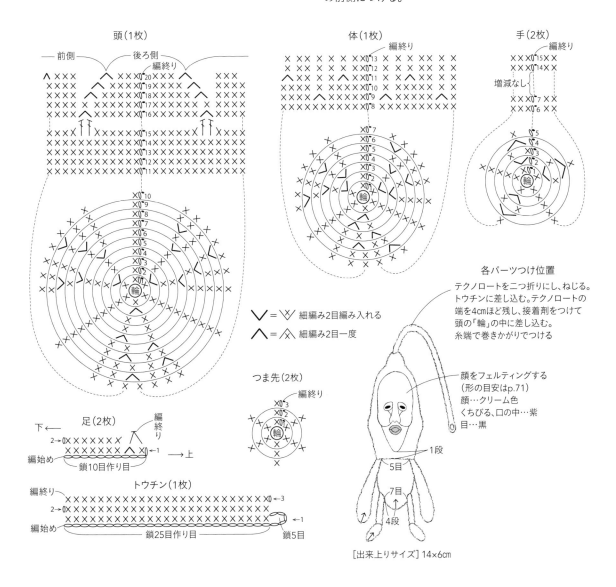

∨ = 細編み2目編み入れる
∧ = 細編み2目一度

各パーツつけ位置
テクノロートを二つ折りにし、ねじる。トウチンに差し込む。テクノロートの端を4cmほど残し、接着剤をつけて頭の「輪」の中に差し込む。糸端で巻きかがりでつける

顔をフェルティングする（形の目安はp.71）
顔…クリーム色
くちびる、口の中…紫
目…黒

［出来上りサイズ］14×6cm

## 〈リトルハナガシラ〉

**材料と用具**

糸／ハマナカ ピッコロ (25g玉巻き)
深緑 (35) …6g、
濃いピンク (5)、濃い黄色 (42) …少々
羊毛／ハマナカ ウールキャンディ・シュクル (1袋20g)
ベージュ (42)、ピンク (22)、黒 (9)、白 (1) …各少々
手芸わた
4/0号かぎ針、とじ針、フェルティングニードル

**作り方** 基本テクニック→p.40

糸は1本どりで指定の配色で編む。

① 各パーツを編む。

② 頭、体、手、つま先にわたを入れる。手は手先のみにわたを入れる。

③ 足を半分に折り、巻きかがりでとじる。つま先に足を差し込み、絞って巻きかがりでつける。

④ 頭に体、手、③の足を巻きかがりでつける。

⑤ 頭にトウチンの花を花心にわたを少し入れて巻きかがりでつける。

⑥ 顔をフェルティングしながら (p.38の⑥〜⑨参照)、頭の前側につける。

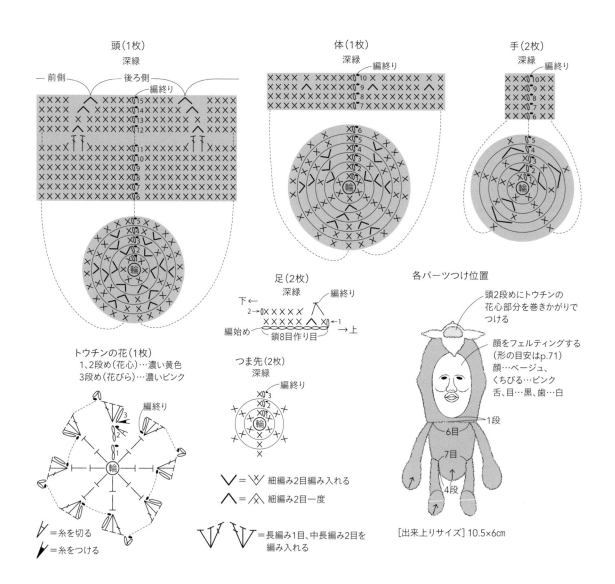

頭(1枚) 深緑
前側  後ろ側  編終り

体(1枚) 深緑  編終り

手(2枚) 深緑  編終り

足(2枚) 深緑
下←  編終り
2→0X X X X X  ←1
編始め  ↑上
鎖8目作り目

各パーツつけ位置

頭2段めにトウチンの花心部分を巻きかがりでつける

顔をフェルティングする (形の目安はp.71)
顔…ベージュ、
くちびる…ピンク
舌、目…黒、歯…白

1段
6目
7目
4段

[出来上りサイズ] 10.5×6cm

トウチンの花(1枚)
1、2段め(花心)…濃い黄色
3段め(花びら)…濃いピンク
編終り

つま先(2枚) 深緑  編終り

∨ = ᐯ 細編み2目編み入れる
∧ = ᐱ 細編み2目一度

↗ =糸を切る
↗ =糸をつける

ᐯ ᐯ =長編み1目、中長編み2目を編み入れる

74

## 〈ベニキノコビト〉

### 材料と用具

糸／ハマナカ ピッコロ（25g玉巻き）
濃い黄色（42）…7g、赤（6）…3g、
ベージュ（16）…1g、生成り（2）…少々
羊毛／ハマナカ ウールキャンディ・シュクル（1袋20g）
ベージュ（29）、赤（24）、黒（9）、白（1）…各少々
手芸わた
4/0号かぎ針、とじ針、フェルティングニードル

### 作り方　基本テクニック→p.40

糸は1本どりで指定の配色で編む。

① 各パーツを編む。

② 頭、体、手、つま先にわたを入れる。手は手先のみにわた
　を入れる。

③ 足を半分に折り、巻きかがりでとじる。つま先に足を差
　し込み、絞って巻きかがりでつける。

④ 頭に体、手、③の足を巻きかがりでつける。

⑤ トウチンのかさに模様を刺繍をする。

⑥ トウチンのかさにわたを入れて巻きかがりでつける。

⑦ 顔をフェルティングしながら（p.38の⑥〜⑨参照）、頭
　の前側につける。

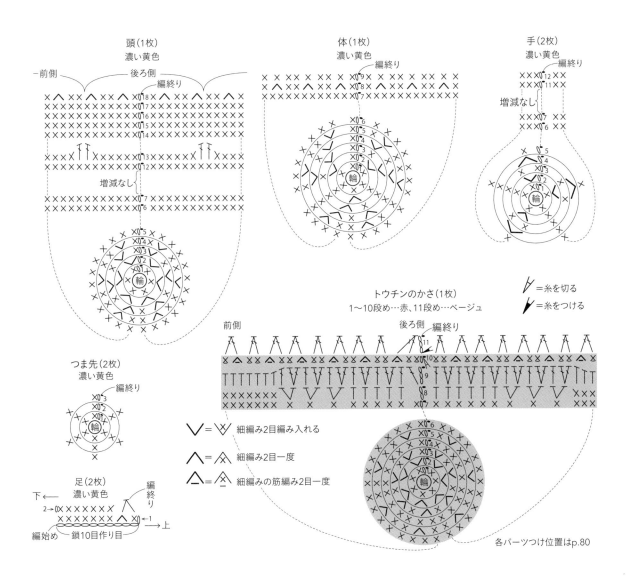

各パーツつけ位置はp.80

## 〈ホトケアカバネ〉

### 材料と用具

糸／ハマナカ ピッコロ（25g玉巻き）
黄色（8）…7g、朱赤（26）…1g
羊毛／ハマナカ ウールキャンディ・シュクル（1袋20g）
ベージュ（42）、赤（24）、
黒（9）、白（1）…各少々
手芸わた
4/0号かぎ針、とじ針、フェルティングニードル

### 作り方　基本テクニック→p.40

糸は1本どりで指定の配色で編む。

① 各パーツを編む。

② 頭、トウチン、体、手、つま先にわたを入れる。手は手先のみにわたを入れる。

③ 足を半分に折り、巻きかがりでとじる。つま先に足を差し込み、絞って巻きかがりでつける。

④ 頭に体、手、③の足を巻きかがりでつける。

⑤ トウチンの羽根Aに羽根Bをつける。

⑥ トウチンに⑤の羽根をつける。

⑦ 顔をフェルティングしながら（p.38の⑥〜⑨参照）、頭の前側につける。

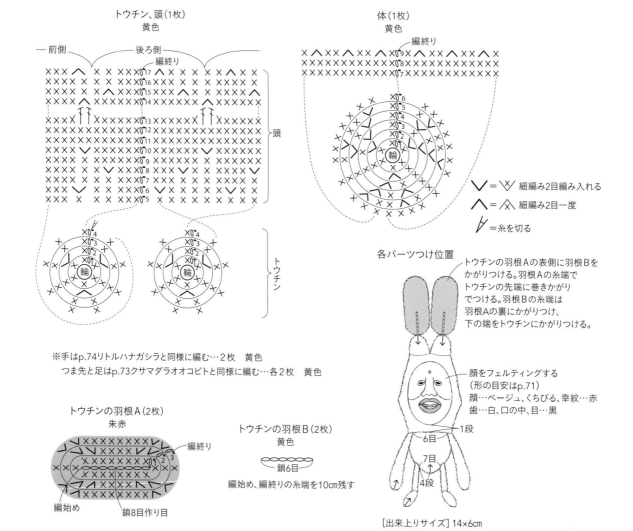

トウチン、頭（1枚）
黄色

体（1枚）
黄色

∨ = 細編み2目編み入れる

∧ = 細編み2目一度

〳 = 糸を切る

※手はp.74リトルハナガシラと同様に編む…2枚　黄色
　つま先と足はp.73クサマダラオオコビトと同様に編む…各2枚　黄色

トウチンの羽根A（2枚）
朱赤

トウチンの羽根B（2枚）
黄色
鎖6目
編始め、編終りの糸端を10cm残す

編終り
鎖8目作り目
編始め

各パーツつけ位置

トウチンの羽根Aの表側に羽根Bをかがりつける。羽根Aの糸端でトウチンの先端に巻きかがりでつける。羽根Bの糸端は羽根Aの裏にかがりつけ、下の端をトウチンにかがりつける。

顔をフェルティングする（形の目安はp.71）
顔…ベージュ、くちびる、幸紋…赤
歯…白、口の中、目…黒

1段
6目
7目
4段

［出来上りサイズ］14×6cm

## 〈オオヒレカワコビト〉

**材料と用具**

糸／ハマナカ ピッコロ（25g玉巻き）
うす青（23）…8g、山吹色（25）…少々
羊毛／ハマナカ ウールキャンディ・シュクル（1袋20g）
ベージュ（42）、赤（24）、
黒（9）、白（1）…各少々
テクノロート　直径1.1mm…15cmを1本
手芸わた
4/0号かぎ針、とじ針、フェルティングニードル

**作り方** 基本テクニック→p.40

糸は1本どりで指定の配色で編む。

① 各パーツを編む。トウチンA、頭は22段めまで編んだら、テクノロート差し込む。

② 頭、トウチンA、体、手、つま先にわたを入れる。手は手先のみにわたを入れる。トウチンA、頭のわたは14段めから入れる。

③ 足を半分に折り、巻きかがりでとじる。つま先に足を差し込み、絞って巻きかがりでつける。

④ 頭に体、手、③の足を巻きかがりでつける。

⑤ トウチンAの先にトウチンBを差し込み、ひれを巻きかがりでつける。

⑥ 顔をフェルティングしながら（p.38の⑥～⑨参照）、頭の前側につける。

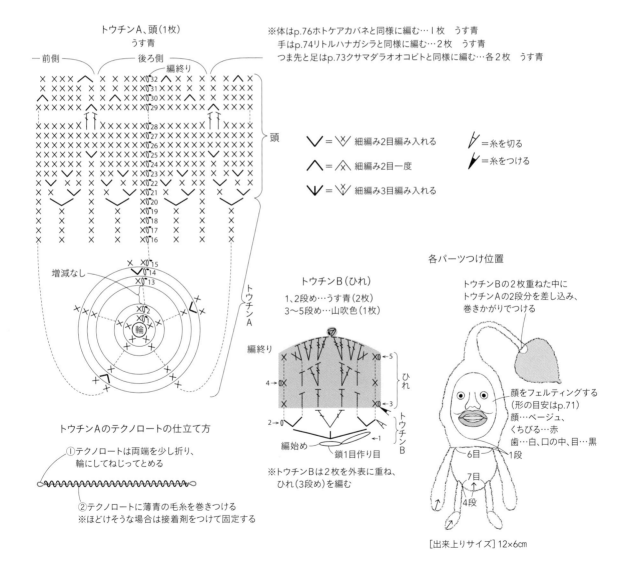

トウチンA、頭（1枚）
うす青

※体はp.76ホトケアカバネと同様に編む…1枚　うす青
　手はp.74リトルハナガシラと同様に編む…2枚　うす青
　つま先と足はp.73クサマダラオオコビトと同様に編む…各2枚　うす青

前側　　後ろ側　　編終り

頭

∨ = ᐯ 細編み2目編み入れる
∧ = ⋀ 細編み2目一度
∨ = ᐺ 細編み3目編み入れる
／ =糸を切る
✓ =糸をつける

増減なし
輪

トウチンA

トウチンAのテクノロートの仕立て方

①テクノロートは両端を少し折り、輪にしてねじってとめる
②テクノロートに薄青の毛糸を巻きつける
※ほどけそうな場合は接着剤をつけて固定する

トウチンB（ひれ）
1、2段め…うす青（2枚）
3～5段め…山吹色（1枚）

編終り
編始め
鎖1目作り目
ひれ
トウチンB

※トウチンBは2枚を外表に重ね、ひれ（3段め）を編む

各パーツつけ位置

トウチンBの2枚重ねた中にトウチンAの2段分を差し込み、巻きかがりでつける

顔をフェルティングする
（形の目安はp.71）
顔…ベージュ、
くちびる…赤
歯…白、口の中、目…黒

6目　1段
7目　4段

[出来上りサイズ] 12×6cm

## 〈バイブスマダラ〉

**材料と用具**

糸／ハマナカ ピッコロ (25g玉巻き)
からし色 (27) …10g
刺繍糸／DMC25番
黄緑 (581) …2束、赤 (817) …1束
羊毛／ハマナカ ウールキャンディ・シュクル (1袋20g)
こげ茶 (41)、淡茶 (808)、黒 (9)、白 (1) …各少々
テクノロート　直径0.4mm 20cmを6本
手芸わた
3/0号、4/0号かぎ針、とじ針、
フェルティングニードル

**作り方** 基本テクニック→p.40

糸はすべて毛糸1本どり、黄緑の刺繍糸2本どり、赤の刺繍糸1本どりの4本を引きそろえて編む。

針は指定以外4/0号針で編む。

① 各パーツを編む。トウチンはテクノロートを編みくるみながら編む。
② 頭、体、手、つま先にわたを入れる。手は手先のみにわたを入れる。
③ 足を半分に折り、巻きかがりでとじる。つま先に足を差し込み、絞って巻きかがりでつける。
④ 頭に体、手、③の足を巻きかがりでつける。
⑤ 頭にトウチンを巻きかがりでつける。
⑥ 顔をフェルティングしながら (p.38の⑥〜⑨参照)、頭の前側につける。

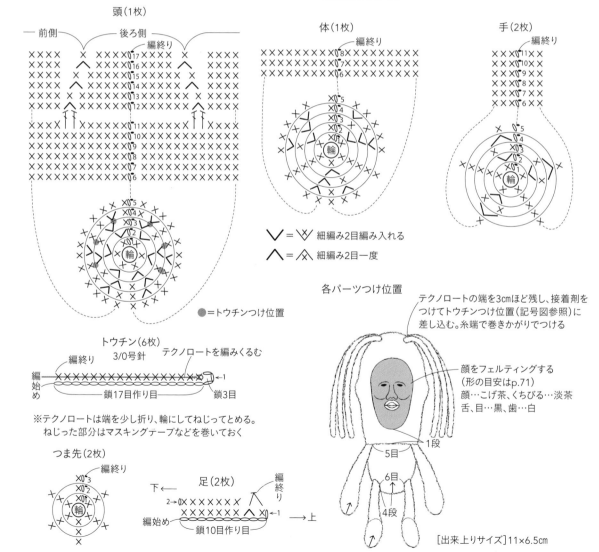

頭(1枚)
前側　後ろ側　編終り

体(1枚)　編終り

手(2枚)　編終り

∨ = 細編み2目編み入れる
∧ = 細編み2目一度

●=トウチンつけ位置

トウチン(6枚)　3/0号針
テクノロートを編みくるむ
編終り
編始め
鎖17目作り目　鎖3目

※テクノロートは端を少し折り、輪にしてねじってとめる。
ねじった部分はマスキングテープなどを巻いておく

つま先(2枚)

足(2枚)
下　編終り
編始め　鎖10目作り目　上

各パーツつけ位置

テクノロートの端を3cmほど残し、接着剤をつけてトウチンつけ位置(記号図参照)に差し込む。糸端で巻きかがりでつける

顔をフェルティングする
(形の目安はp.71)
顔…こげ茶、くちびる…淡茶
舌、目…黒、歯…白

1段
5目
6目
4段

[出来上りサイズ]11×6.5cm

## 〈ガルシア〉

### 材料と用具

糸／ハマナカ ピッコロ（25g玉巻き）
ベージュ（16）…12g、こげ茶（17）…2g
刺繍糸／DMC25番…ピンク（604）…少々
ドッグノーズ10mm　黒…1個
山高ボタン8mm 黒…2個
手芸わた
2/0号、4/0号かぎ針、とじ針、
フェルティングニードル

### 作り方

毛糸は1本どり、刺繍糸は6本どりで指定の配色で編む。
針は指定以外4/0号針で編む。
① 各パーツを編む。
② 頭、体、前足、後ろ足にわたを入れる。
③ 体に頭、前足、後ろ足を巻きかがりでつける。
④ 顔の仕上げ方を参照して顔を作る。
⑤ 足先に刺繍をする。
⑥ しっぽを巻きかがりでつける。

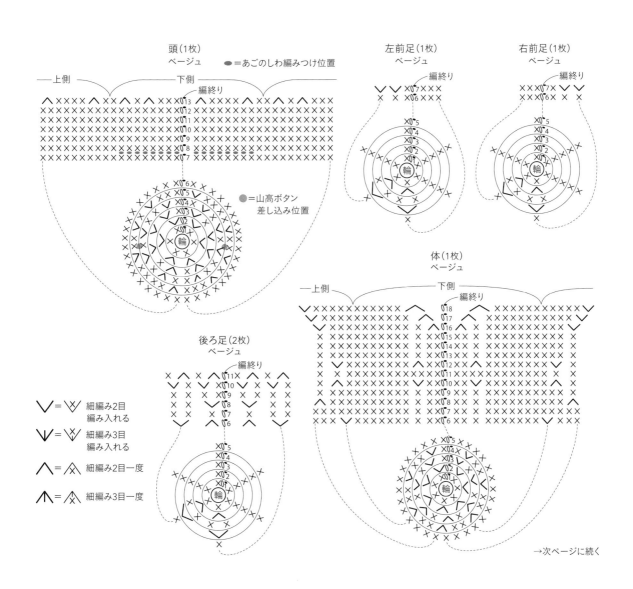

→次ページに続く

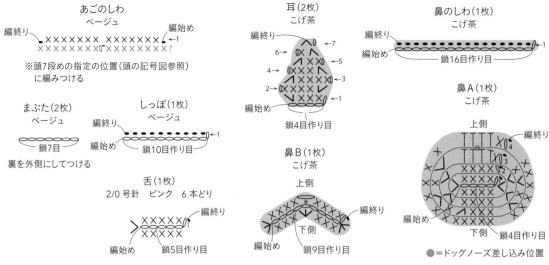

あごのしわ
ベージュ
編終り                    編始め
×××××××× ××××××××
××××××××○×××××××7

※頭7段めの指定の位置(頭の記号図参照)
に編みつける

まぶた(2枚)
ベージュ
鎖7目

裏を外側にしてつける

しっぽ(1枚)
ベージュ
編終り                 ←1
編始め        鎖10目作り目

舌(1枚)
2/0 号針　ピンク　6本どり
編終り
×××××
×××××
編始め      鎖5目作り目

耳(2枚)
こげ茶
編終り                 ←7
6→                    ←5
4→                    ←3
2→                    ←1
編始め
鎖4目作り目

鼻B(1枚)
こげ茶
上側
編終り
下側
編始め      鎖9目作り目

鼻のしわ(1枚)
こげ茶
編終り                    ←1
編始め
鎖16目作り目

鼻A(1枚)
こげ茶
上側
編終り
編始め
下側      鎖4目作り目

●=ドッグノーズ差し込み位置

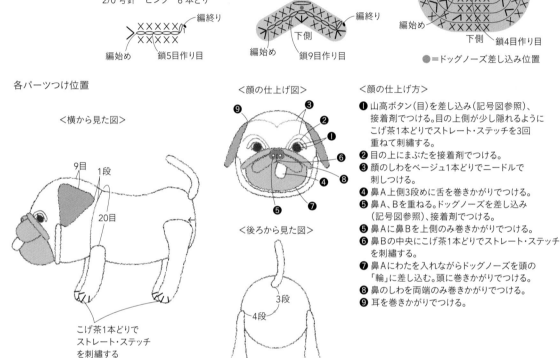

各パーツつけ位置

<横から見た図>
9目    1段
20目

こげ茶1本どりで
ストレート・ステッチ
を刺繍する
[出来上りサイズ] 7×10.5cm

<顔の仕上げ図>
9  3
   2
   1
   6
   8
5  4
   7

<後ろから見た図>
3段
4段

<顔の仕上げ方>
❶ 山高ボタン(目)を差し込み(記号図参照)、
接着剤でつける。目の上側が少し隠れるように
こげ茶1本どりでストレート・ステッチを3回
重ねて刺繍する。
❷ 目の上にまぶたを接着剤でつける。
❸ 顔のしわをベージュ1本どりでニードルで
刺しつける。
❹ 鼻A上側3段めに舌を巻きかがりでつける。
❺ 鼻A、Bを重ねる。ドッグノーズを差し込み
(記号図参照)、接着剤でつける。
❺ 鼻Aに鼻Bを上側のみ巻きかがりでつける。
❻ 鼻Bの中央にこげ茶1本どりでストレート・ステッチ
を刺繍する。
❼ 鼻にわたを入れながらドッグノーズを頭の
「輪」に差し込む。頭に巻きかがりでつける。
❽ 鼻のしわを両端のみ巻きかがりでつける。
❾ 耳を巻きかがりでつける。

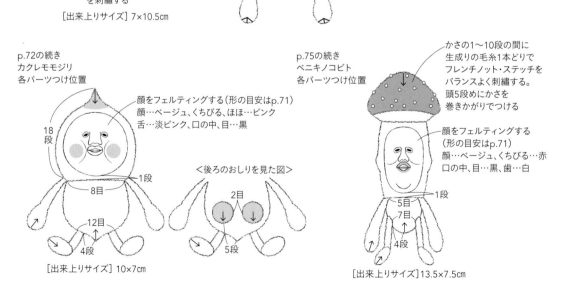

p.72の続き
カクレモモジリ
各パーツつけ位置

顔をフェルティングする(形の目安はp.71)
顔…ベージュ、くちびる、ほほ…ピンク
舌…淡ピンク、口の中、目…黒

18段
8目
12目
4段

<後ろのおしりを見た図>
2目
5段
[出来上りサイズ] 10×7cm

p.75の続き
ベニキノコビト
各パーツつけ位置

かさの1～10段の間に
生成りの毛糸1本どりで
フレンチノット・ステッチを
バランスよく刺繍する。
頭5段めにかさを
巻きかがりでつける

顔をフェルティングする
(形の目安はp.71)
顔…ベージュ、くちびる…赤
口の中、目…黒、歯…白

1段
5目
7目
4段
[出来上りサイズ]13.5×7.5cm

# おおきな
# こびとあみぐるみ

作品→p.22

## 〈カクレモモジリ〉

### 材料と用具

糸／ハマナカ アメリー (40g玉巻き)
ピンク (27)…80g、クリーム色 (2)…20g、
黒 (24)…少々
羊毛／ハマナカ ウールキャンディ・シュクル (1袋20g)
ピンク (2)、濃いピンク (56)…各少々
手芸わた
8/0号かぎ針、とじ針、フェルティングニードル

### 作り方　基本テクニック→p.40

すべて2本どりで編む。

① 各パーツを編む。

② 頭の顔つけ位置に顔を重ね、細編みでつける。

③ 頭、体、手、足にわたを入れる。

④ 頭に体、手、足を巻きかがりでつける。

⑤ 顔にほほ、目、鼻、まぶたを巻きかがりでつける。

⑥ 顔にほほ紅、くちびる、舌を羊毛で形作り、フェルティング (p.38の⑥〜⑨参照) する。

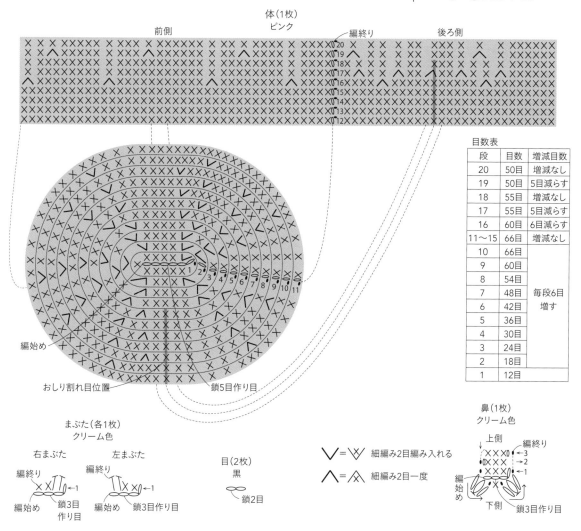

体(1枚)
ピンク

| 段 | 目数 | 増減目数 |
|---|---|---|
| 20 | 50目 | 増減なし |
| 19 | 50目 | 5目減らす |
| 18 | 55目 | 増減なし |
| 17 | 55目 | 5目減らす |
| 16 | 60目 | 6目減らす |
| 11〜15 | 66目 | 増減なし |
| 10 | 66目 | |
| 9 | 60目 | |
| 8 | 54目 | |
| 7 | 48目 | 毎段6目 |
| 6 | 42目 | 増す |
| 5 | 36目 | |
| 4 | 30目 | |
| 3 | 24目 | |
| 2 | 18目 | |
| 1 | 12目 | |

目数表

まぶた(各1枚)
クリーム色

鼻(1枚)
クリーム色

目(2枚)
黒

V＝✕✕ 細編み2目編み入れる

∧＝✕✕ 細編み2目一度

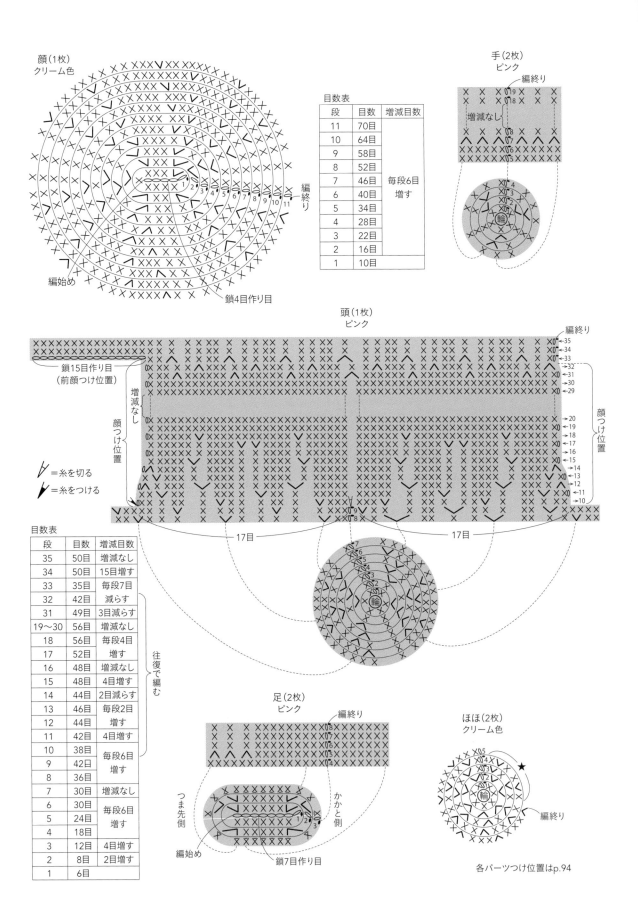

顔(1枚)
クリーム色

編始め

編終り

鎖4目作り目

手(2枚)
ピンク

編終り

増減なし

目数表

| 段 | 目数 | 増減目数 |
|---|---|---|
| 11 | 70目 | |
| 10 | 64目 | |
| 9 | 58目 | |
| 8 | 52目 | |
| 7 | 46目 | 毎段6目増す |
| 6 | 40目 | |
| 5 | 34目 | |
| 4 | 28目 | |
| 3 | 22目 | |
| 2 | 16目 | |
| 1 | 10目 | |

輪

頭(1枚)
ピンク

編終り

鎖15目作り目
(前顔つけ位置)

増減なし

顔つけ位置

顔つけ位置

= 糸を切る

= 糸をつける

17目

17目

輪

目数表

| 段 | 目数 | 増減目数 |
|---|---|---|
| 35 | 50目 | 増減なし |
| 34 | 50目 | 15目増す |
| 33 | 35目 | 毎段7目減らす |
| 32 | 42目 | |
| 31 | 49目 | 3目減らす |
| 19～30 | 56目 | 増減なし |
| 18 | 56目 | 毎段4目増す |
| 17 | 52目 | |
| 16 | 48目 | 増減なし |
| 15 | 48目 | 4目増す |
| 14 | 44目 | 2目減らす |
| 13 | 46目 | 毎段2目増す |
| 12 | 44目 | |
| 11 | 42目 | 4目増す |
| 10 | 38目 | 毎段6目増す |
| 9 | 42目 | |
| 8 | 36目 | |
| 7 | 30目 | 増減なし |
| 6 | 30目 | 毎段6目増す |
| 5 | 24目 | |
| 4 | 18目 | |
| 3 | 12目 | 4目増す |
| 2 | 8目 | 2目増す |
| 1 | 6目 | |

往復で編む

足(2枚)
ピンク

編終り

つま先側

かかと側

編始め

鎖7目作り目

ほほ(2枚)
クリーム色

★

輪

編終り

各パーツつけ位置はp.94

82

## 〈カクレケダマ〉

### 材料と用具

糸／ハマナカ メリノウールボア（50g玉巻き）
茶色（C#3）…122g
ハマナカ アメリー（40g玉巻き）
うすピンク（28）…13g、黒（24）…少々
羊毛／ハマナカ ウールキャンディ・シュクル（1袋20g）
白（1）、ピンク（2）、濃いピンク（56）…各少々
手芸わた
8/0号かぎ針、とじ針、フェルティングニードル

### 作り方　基本テクニック→p.40

指定以外1本どりで編む。

① 各パーツを編む。

② 頭、体、トウチン、手、足、足首にわたを入れる。

③ 足に足首を巻きかがりでつける。

④ 頭の編終り側をぐし縫いして絞り、体、トウチン、手、③の足を巻きかがりでつける。

⑤ 頭の前側に顔を巻きかがりでつける。

⑥ 顔に目、鼻をつける。眉をチェーン・ステッチで刺繍する。

⑦ 顔に口をフェルティング（p.38の⑥～⑨参照）する。

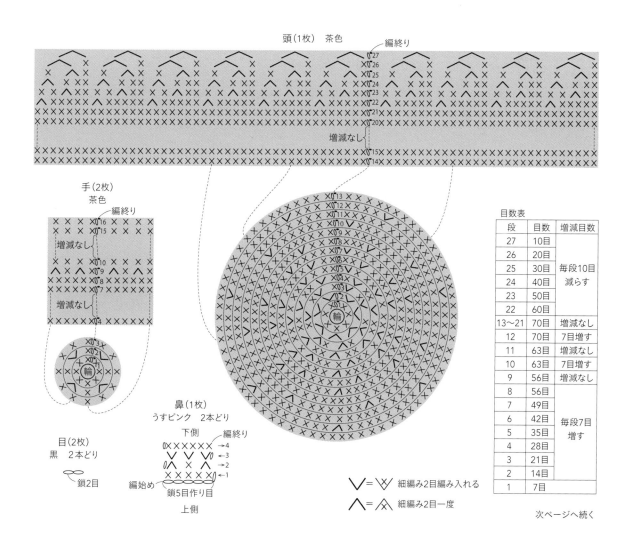

頭（1枚）茶色

手（2枚）茶色

目（2枚）黒　2本どり
鎖2目

鼻（1枚）うすピンク　2本どり
下側
編始め　鎖5目作り目
上側

∨ = ∨ 細編み2目編み入れる
∧ = ∧ 細編み2目一度

目数表

| 段 | 目数 | 増減目数 |
|---|---|---|
| 27 | 10目 | |
| 26 | 20目 | |
| 25 | 30目 | 毎段10目 |
| 24 | 40目 | 減らす |
| 23 | 50目 | |
| 22 | 60目 | |
| 13～21 | 70目 | 増減なし |
| 12 | 70目 | 7目増す |
| 11 | 63目 | 増減なし |
| 10 | 63目 | 7目増す |
| 9 | 56目 | 増減なし |
| 8 | 56目 | |
| 7 | 49目 | |
| 6 | 42目 | 毎段7目 |
| 5 | 35目 | 増す |
| 4 | 28目 | |
| 3 | 21目 | |
| 2 | 14目 | |
| 1 | 7目 | |

次ページへ続く

体(1枚)
茶色
編終り
増減なし

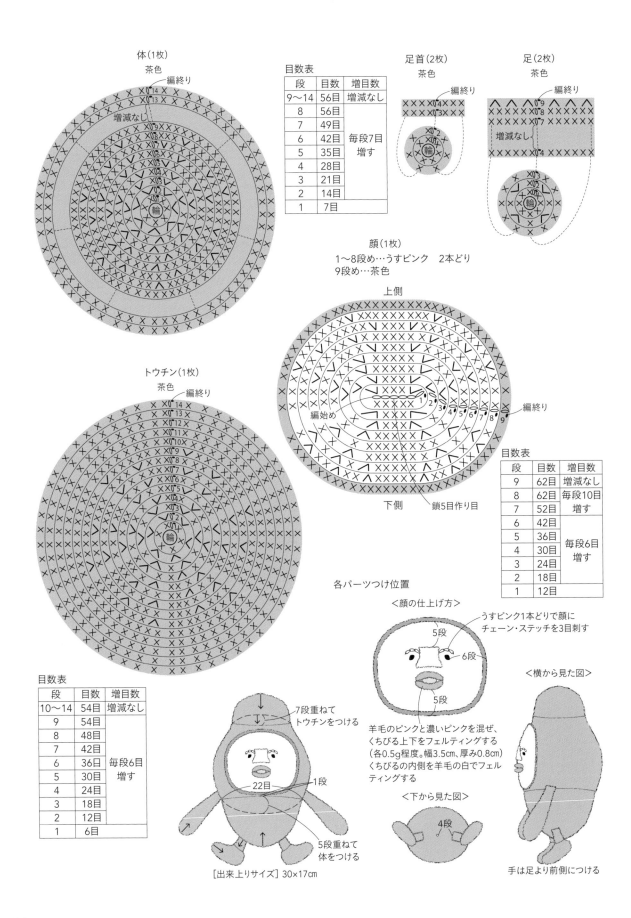

| 段 | 目数 | 増目数 |
|---|---|---|
| 9～14 | 56目 | 増減なし |
| 8 | 56目 | |
| 7 | 49目 | |
| 6 | 42目 | 毎段7目増す |
| 5 | 35目 | |
| 4 | 28目 | |
| 3 | 21目 | |
| 2 | 14目 | |
| 1 | 7目 | |

足首(2枚)
茶色
編終り

足(2枚)
茶色
編終り
増減なし

顔(1枚)
1～8段め…うすピンク　2本どり
9段め…茶色
上側
編始め
編終り
下側　鎖5目作り目

| 段 | 目数 | 増目数 |
|---|---|---|
| 9 | 62目 | 増減なし |
| 8 | 62目 | 毎段10目増す |
| 7 | 52目 | |
| 6 | 42目 | |
| 5 | 36目 | 毎段6目増す |
| 4 | 30目 | |
| 3 | 24目 | |
| 2 | 18目 | |
| 1 | 12目 | |

トウチン(1枚)
茶色
編終り

| 段 | 目数 | 増目数 |
|---|---|---|
| 10～14 | 54目 | 増減なし |
| 9 | 54目 | |
| 8 | 48目 | |
| 7 | 42目 | |
| 6 | 36目 | 毎段6目増す |
| 5 | 30目 | |
| 4 | 24目 | |
| 3 | 18目 | |
| 2 | 12目 | |
| 1 | 6目 | |

各パーツつけ位置

<顔の仕上げ方>
5段
6段
5段
うすピンク1本どりで顔に
チェーン・ステッチを3目刺す

羊毛のピンクと濃いピンクを混ぜ、
くちびる上下をフェルティングする
（各0.5g程度。幅3.5cm、厚み0.8cm）
くちびるの内側を羊毛の白でフェル
ティングする

<下から見た図>
4段

<横から見た図>

手は足より前側につける

7段重ねて
トウチンをつける
22目
1段
5段重ねて
体をつける

[出来上りサイズ] 30×17cm

# こびと通園グッズ

作品→p.26　製図と裁合せ図→p.86　アップリケ図案→p.95

---

## こびとナップザック　[出来上りサイズ] 本体35×30cm

### 材料

キルト（麻）…40×80cm
別布（麻）…15×10cm
アクリルひも…太さ0.7cm 3m
フェルト／サンフェルト ウォッシャブルフェルト
カクレモジリ＝ピンク（RN-37）…10×10cm、
濃いピンク（RN-4）…6×6cm、うすピンク（RN-2）…3×3cm、
うすオレンジ（RN-27）…14×14cm
クサマダラオオコビト＝きみどり（RN-10）…25×15cm、
クリーム（RN-7）…10×10cm、ワインレッド（RN-28）、
うす紫（RN-14）、黒（RN-31）…各3×3cm
ホトケアカバネ＝イエロー（RN-12）…11×11cm、
ベージュ（RN-33）…6×6cm、赤（RN-23）…10×10cm、
白（RN-1）…3×3cm
刺繍糸／DMC25番…黒（310）、きみどり（3346）、
濃いピンク（3607）、赤（349）、濃い赤（817）、黄（444）
アップリケ用の糸…フェルトに合わせて刺繍糸を選ぶ

### 作り方

① 布を裁ち、ジグザグミシンをかけ、刺繍糸1本
どり、たてまつり（p.90）でフェルトのアップ
リケをする

② タブを作り、中表にしてタブをはさみ、あき止りまで縫う

別布

15
10
6
0
（2枚）
タブ

②あき止りまで縫う
1
1
（裏）
①タブを作りはさむ

（裏） → 折る 折る → 半分に折る ミシン → 半分に折る

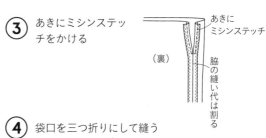

③ あきにミシンステッチをかける

あきにミシンステッチ
脇の縫い代は割る
（裏）

④ 袋口を三つ折りにして縫う

2.5
（裏）
（裏）

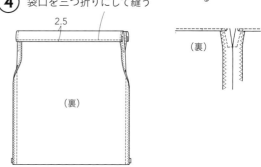

⑤ 表に返し、ひもを通す

長さ125のひも

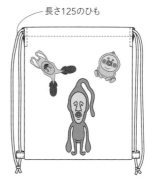

## こびと上履き入れ　［出来上りサイズ］本体30×22cm

### 材料

キルト（麻）…30×80cm
カバンテープ（ピンク）
…2.5cm幅50cm
Dかん（ピンク）…1個
フェルト／サンフェルト
ウォッシャブルフェルト
ピンク（RN-37）
…15×15cm、
濃いピンク（RN-4）
…20×20cm、
うすピンク（RN-2）
…3×3cm、
うすオレンジ（RN-27）
…10×10cm
クリーム（RN-7）
…20×15cm
黒（RN-31）…5×5cm
刺繍糸／DCM25番…
黒（310）、ピンク（3607）、
アップリケ用の糸…フェルトに
合わせて刺繍糸を選ぶ

### 製図と裁合せ図

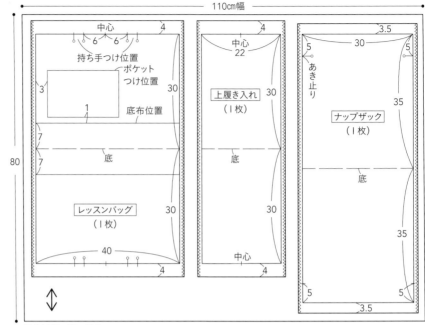

110cm幅
中心
4
6　6
持ち手つけ位置
ポケットつけ位置
30
3
1
底布位置
7
底
7
底
レッスンバッグ
（1枚）
30
40
4
80

中心
22
4
上履き入れ
（1枚）
30
底
30
中心
4

3.5
5　5
30
あき止り
35
ナップザック
（1枚）
底
35
5　5
3.5

指定以外の縫い代は1cm

### 作り方

① 布を裁ち、ジグザグミシンをかけ、刺繍糸1本どり、たてまつり（p.90）でフェルトのアップリケをする

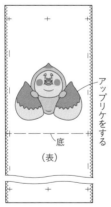

アップリケをする
底
（表）

② 中表にして縫う

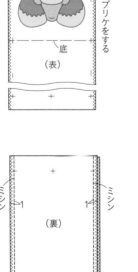

ミシン
1
（裏）
14
ミシン
折る

③ カバンテープをカットしてはさみ、袋口を三つ折りにして縫う

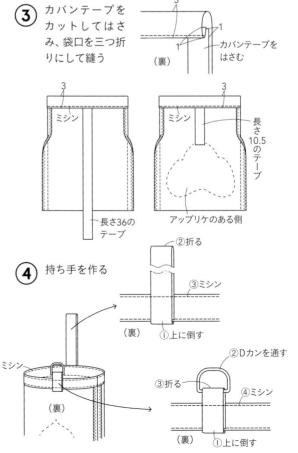

3
1
（裏）
1
カバンテープをはさむ

3
ミシン
長さ36のテープ

3
ミシン
長さ10.5のテープ
アップリケのある側

④ 持ち手を作る

②折る
③ミシン
①上に倒す
（裏）

ミシン
（裏）

②Dカンを通す
③折る
④ミシン
①上に倒す
（裏）

## こびとレッスンバッグ [出来上りサイズ] 本体30×40cm

### 材料

キルト（麻）…50×80cm
底、ポケット用別布…70×20cm
カバンテープ…2.5cm幅90cm
フェルト／サンフェルト ウォッシュブルフェルト
イエロー（RN-12）…15×20cm、
ベージュ（RN-33）…7×7cm、赤（RN-23）…15×15cm、
白（RN-1）…3×3cm
刺繍糸／DMC25番…黒（310）、黄（444）、赤（349）、
濃い赤（817）
アップリケ用の糸…フェルトに合わせて刺繍糸を選ぶ

### 製図と裁合せ図

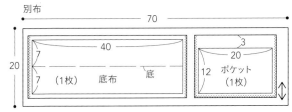

指定以外の縫い代は1cm

### 作り方

① 布を裁ち、ジグザグミシンをかけ、刺繍糸1本どり、たてまつり（p.90）でフェルトのアップリケをする。ポケット、底布をつける

〈ポケット〉

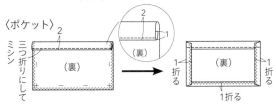

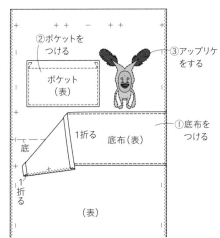

② 中表にして縫う

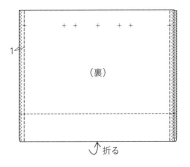

③ カバンテープをカットしてはさみ、袋口を三つ折りにして縫う

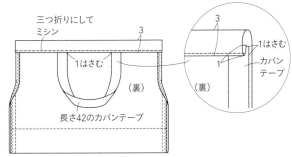

④ カバンテープを上に倒し、袋口にステッチをかける

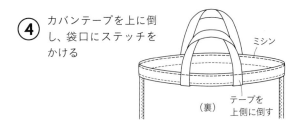

⑤ 持ち手にミシンステッチをする

# こびとポーチ

作品→p.28　型紙→p.43　＊「カクレモジリ」の材料、作り方はp.42

---

## 〈ベニキノコビト〉[出来上りサイズ] 15×20cm

### 材料

表布／フェイク起毛スエード（赤）…50×20cm
アップリケのフェルト／
サンフェルト ミニー
うすベージュ（331）…20×20cm、
イエロー（333）…10×10cm、ベージュ（306）…9×9cm、
白（701）…13×7cm、黒（558）…3×3cm
裏布／プリント…25×50cm
刺繍糸／DMC25番…黒（310）、茶（300）
アップリケ用の糸…フェルトに合わせて刺繍糸を選ぶ
玉つきファスナー…20cm

### 裁合せ図

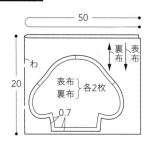

### 作り方　p.42「カクレモジリのポーチ」を参考に作る

① アップリケをした表布とファスナーを中表に合わせてファスナー止りからファスナー止りまで縫う

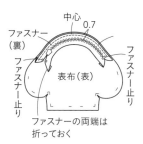

② 反対側もファスナーをつける

③ 表布を中表に合わせ、ファスナー止りからファスナー止りまで縫う

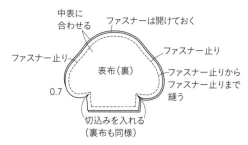

④ p.42「カクレモジリ」のポーチ⑥〜⑧を参考に、残りを仕立てる

---

### アップリケ

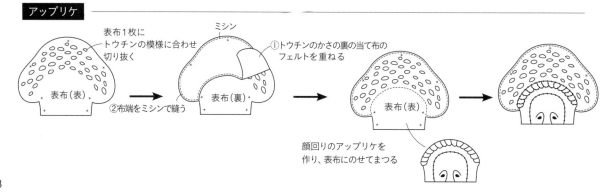

## 〈カクレケダマ〉 ［出来上りサイズ］15×20cm

### 材料

表布／フェイクファー…50×20cm
アップリケのフェルト／
サンフェルト ミニー
…濃いベージュ (221)…7×6cm、
赤 (306)、うすピンク (102)…各3×3cm
裏布／プリント…20×50cm
バイアステープ用の好みの布…30×20cm
刺繍糸／DMC25番…黒 (310)
アップリケ用の糸…フェルトに合わせて刺繍糸を選ぶ
玉つきファスナー…22cm

### 裁合せ図

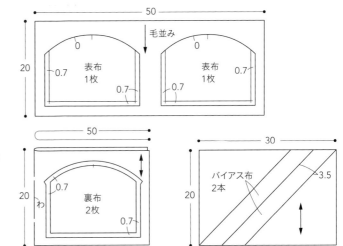

### 作り方 p.42「カクレモモジリのポーチ」を参考に作る

① 表布の口をバイアステープでくるみ、アップリケをする

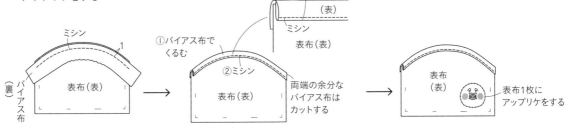

② ファスナーを表布につける

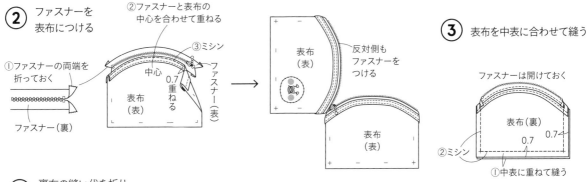

③ 表布を中表に合わせて縫う

④ 裏布の縫い代を折り、中表に合わせて縫う

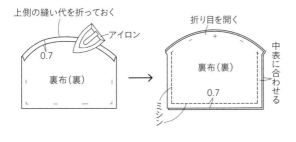

⑤ 表袋と重ねて口をまつる

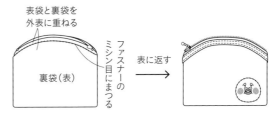

89

# いろいろなステッチ

刺繍やアップリケに必要なステッチです。
作り方では、ステッチは「S」と省略しています。

### ストレート・ステッチ

針を刺す方向を変えていろいろな形
を刺すことができるステッチ

### バック・ステッチ

1針ごとに、1針返すを繰り返すステッチ

### アウトライン・ステッチ

輪郭線によく使われるステッチ

### サテン・ステッチ

同じ方向に糸を渡して、
図案を埋めるステッチ

### フレンチノット・ステッチ

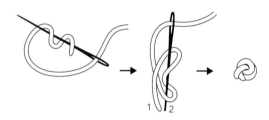

粒状のステッチ。図は針に2回巻きつける「2回巻き」

### たてまつり

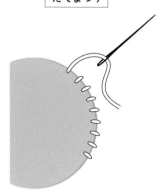

アップリケ布を土台につける方法

### 巻きがかり

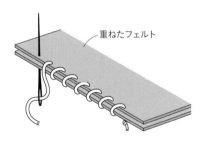

重ねたフェルト

布をとじる方法

# かぎ針編みの基礎

かぎ針編みの作品を編むときに必要なテクニックです。
この本ではp.64「こびとキッズぼうし」、p.72「ちいさなこびとあみぐるみ」、p.81「おおきなこびとあみぐるみ」で使用します。

## 【編み糸の持ち方】

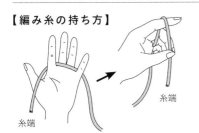

糸端

糸端

糸を手にかけ、親指と中指で糸端から5㎝のところを押さえる

## 【針の持ち方】

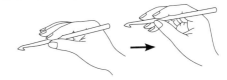

親指と人さし指で軽く持ち、中指は針の上に添える

## 【作り目】

### 編始め

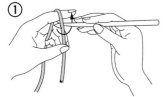

① 手にかけた編み糸に針を内側から入れ、糸をねじる

② 人さし指にかかっている糸を針にかけて引き出す

③ 針に糸をかけて引き出す

④ 繰り返し、必要な目数を編む

⑤ 4目編んだところ

### 鎖目の拾い方

立上り
鎖3目

台の目

鎖状になっているほうを下に向けて、裏山に針を入れる

 裏山を拾う

 Ⓐ

下側に鎖状の目が並ぶ

 半目と裏山を拾う Ⓑ

### 2重の輪の作り目

① 指に2回巻く

② 糸端を手前に、輪の中から糸を引き出す

③ 1目編む。この目は立上りの目数に数える

### 輪の作り目に細編み8目を編み入れる

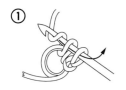

① 輪の作り目をして、鎖1目で立ち上がり、輪の中に針を入れて細編みを8目編む

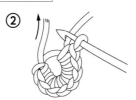

② 1段めを編み入れたら糸端を引っ張り、小さくなったほうの輪を引いてさらに糸端を引き、輪を引き締める

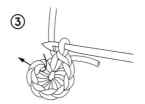

③ 最初の目の頭2本に針を入れ、糸をかけて引き抜く

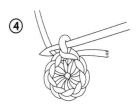

④ 1段めが編めたところ

【記号と編み方】

 鎖編み

 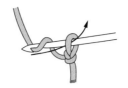  

基本になる編み方。作り目や立上りに使う

 細編み

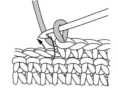   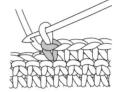

立上りに鎖1目の高さを持つ編み目

 中長編み

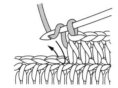 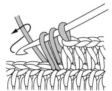 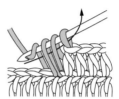 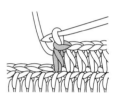

立上りに鎖2目の高さを持つ編み目。針に1回糸をかけ、針にかかっているループを2本ずつ2回で引き抜く

 長編み

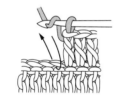  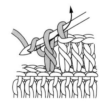 

立上りに鎖3目の高さを持つ編み目。針に1回糸をかけ、針にかかっているループを2本ずつ3回で引き抜く

 長々編み

 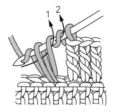  

立上りに鎖4目の高さを持つ編み目。針にかかっているループを2本ずつ3回で引き抜く

 引抜き編み

前段の編み目の頭に針を入れ、糸をかけて一度に引き抜く

細編み
2目編み入れる

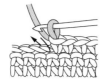  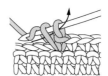 

目数が増える場合も同じ要領で編みます

前段の1目に細編み2目を編み入れ、1目増す

長編み
2目編み入れる

  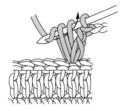 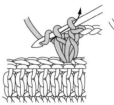 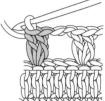

前段の1目に長編み2目編み入れ、1目増す

細編み
2目一度

 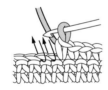  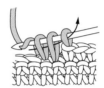 

糸を引き出しただけの未完成の目を2目作り、一度に引き抜く。1目減る

長編み
2目一度

 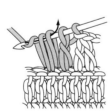 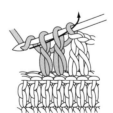 

前段の2目に未完成の目を2目作り、一度に引き抜く。1目減る

中長編み2目の
玉編み

未完成の中長編み2目を編み、一度に引き抜く

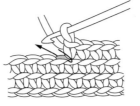

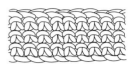

前段の目を細編みで拾うときに、向う側の鎖半目だけを拾って編む

## 【編終りの糸の始末】

チェーンつなぎ （長編みで解説。細編みも同様の方法）

終りの目が平らに仕上がる、始末のしかた

この鎖目は立上り
3目分の頭になる

糸端をとじ針に通し、最初の長編みの頭に向う側から針を入れる

糸を引き、最後の目に戻って針を入れる

鎖1目の大きさに糸を引き、糸端は裏側で編み目にくぐらせる

p.81カクレモモジリ
各パーツつけ位置

<顔の仕上げ方>

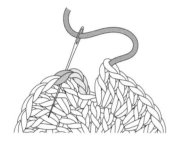

6段

7段

ほほの★部分を外向きにして
左右のほほを顔につける

ほほの上にほほ紅を羊毛の濃いピンク
でうすくフェルティングする
（直径約2.3〜3cm）

羊毛のピンクでくちびる上下をフェルティング
する（下くちびる幅約3.5、上くちびる幅3cm、
厚み0.8cm）。羊毛のピンクと濃いピンクを混ぜ、
舌をフェルティングする

<後ろのおしり部分を見た図>

18段

5段

5段めから18段めにピンクの毛糸を
2本どりで渡す（位置は記号図参照）。
毛糸を引き絞っておしりの割れ目を作る

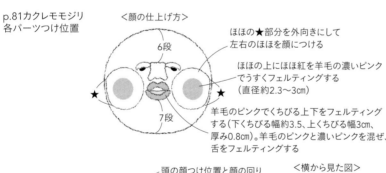

頭の顔つけ位置と顔の回り
を外表に重ね、ピンクの毛糸
2本どりで顔の表側を手前に
して細編みで編みつける
（約70目）

<横から見た図>

<下から見た図>

4段

22目

手は体と頭の際、
足より前側につける

[出来上りサイズ] 30×20cm

**アップリケの図案** ※200%に拡大コピーして使う

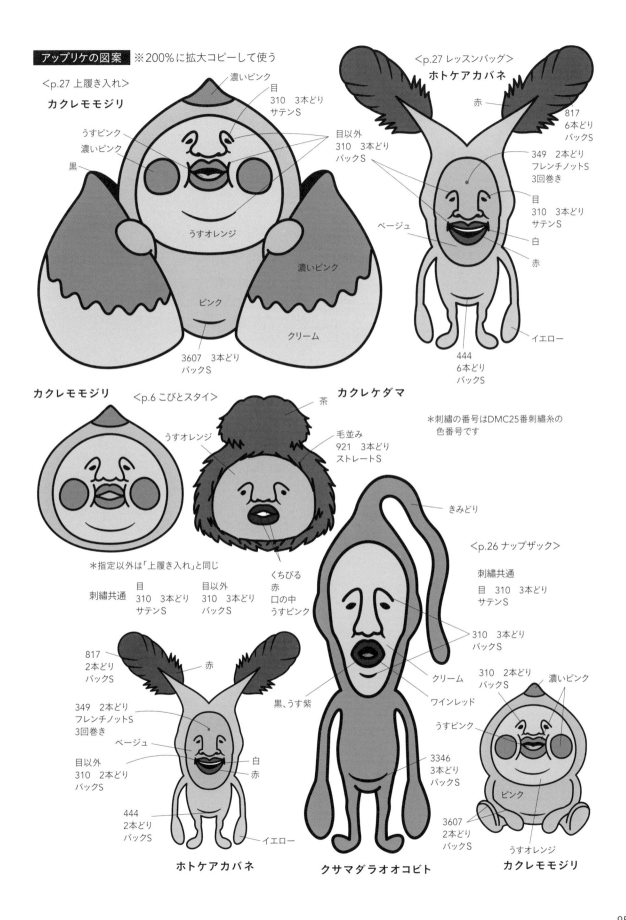

&lt;p.27 上履き入れ&gt;
**カクレモモジリ**

濃いピンク
目
310　3本どり
サテンS

うすピンク
濃いピンク
黒
目以外
310　3本どり
バックS

うすオレンジ
濃いピンク
ピンク
クリーム
3607　3本どり
バックS

&lt;p.27 レッスンバッグ&gt;
**ホトケアカバネ**

赤
817
6本どり
バックS

349　2本どり
フレンチノットS
3回巻き

目
310　3本どり
サテンS

ベージュ
白
赤
イエロー
444
6本どり
バックS

**カクレモモジリ**

うすオレンジ

&lt;p.6 こびとスタイ&gt;

**カクレケダマ**

茶
毛並み
921　3本どり
ストレートS

くちびる
赤
口の中
うすピンク

＊指定以外は「上履き入れ」と同じ

刺繍共通　目　310　3本どり　サテンS
　　　　　目以外　310　3本どり　バックS

＊刺繍の番号はDMC25番刺繍糸の色番号です

きみどり

&lt;p.26 ナップザック&gt;

刺繍共通
目　310　3本どり
サテンS

310　3本どり
バックS

310　2本どり
バックS

濃いピンク
うすピンク
ピンク
3607
2本どり
バックS
うすオレンジ

**カクレモモジリ**

817
2本どり
バックS
赤

349　2本どり
フレンチノットS
3回巻き

ベージュ

目以外
310　2本どり
バックS

白
赤

444
2本どり
バックS

イエロー

**ホトケアカバネ**

黒、うす紫

クリーム
ワインレッド
3346
3本どり
バックS

**クサマダラオオコビト**

95

〈キャラクター原案・監修〉

## なばたとしたか

1977年、石川県生れ。イラストレーター。『こびとづかん』シリーズの作者であり、こびと研究家。シリーズ作品には『こびとづかん』、『みんなのこびと』、『こびと桃がたり』、『こびと大百科』、『こびと観察入門1』、『新種発見！ こびと大研究』、『こびと大図鑑』、『日本のこびと大全 野原や畑編』、『日本のこびと大全 山や森林編』がある。また、その他の創作絵本に『いーとんの大冒険』、『犬闘士イヌタウロス』（以上ロクリン社刊）がある。本の制作を中心に、映像、キャラクター制作と幅広く活動している。

〈こびとづかん について〉

『こびとづかん』は2006年に初めて出版された同タイトルの絵本とその書籍シリーズ。絵本の中で主人公の「ぼく」が見つけたのが、昆虫でも植物でもない不思議な生き物「コビト」です。突然冷蔵庫のモーターが鳴ったり、テレビがピシッと音がしたり、トイレットペーパーが三角に折られていたり…。正体不明の不思議な出来事、それがもし「コビト」の仕業だとしたら？　書籍や映像シリーズで紹介される「コビトの捕まえ方」にならって、子どもたちの間では「こびと探し」遊びが大流行。幼稚園や保育園、小学校で読まれる「定番作品」として、純粋に「コビト」の存在を信じる子どもたちに愛されています。
公式サイト　https://www.kobitos.com/

# こびとづかんの
# こびとづくり
文化出版局編

2021年1月31日　第1刷発行

発行者　濱田勝宏
発行所　学校法人文化学園 文化出版局
　　　　〒151-8524 東京都渋谷区代々木 3-22-1
　　　　電話　03-3299-2488（編集）
　　　　　　　03-3299-2540（営業）
印刷・製本所　株式会社文化カラー印刷

キャラクター原案 ©Toshitaka Nabata 2021
© 学校法人文化学園 文化出版局 2021
Printed in Japan
本書の写真、カット及び内容の無断転載を禁じます。

・本書のコピー、スキャン、デジタル化等の無断複製は著作権法上での例外を除き、禁じられています。本書を代行業者等の第三者に依頼してスキャンやデジタル化することは、たとえ個人や家庭内での利用でも著作権法違反になります。
・本書で紹介した作品の全部または一部を商品化、複製頒布、及びコンクールなどの応募作品として出品することは禁じられています。
・撮影状況や印刷により、作品の色は実物と多少異なる場合があります。ご了承ください。

文化出版局のホームページ http://books.bunka.ac.jp/

協力

ロクリン社
tel.03-6303-4153
https://www.rokurin.jp/

作品製作

あけつん！(p.4) Instagram:@aketsun
黒川久美子 (p.6、26〜28)
mimi (p.8) https://ameblo.jp/amiami-myduffy/
ダイラクサトミ (p.10) Instagram:@satomidairaku
くるみ (p.12) Instagram:@kurumi.c
pipitolily (p.14) Instagram:@pipitolilyhandmade
ほふもふ工房 (p.16〜19)
伊藤和子 (p.20) https://ameblo.jp/bukicchomom/
いちかわみゆき (p.22) https://ichikawamiyuki.com/

材料提供

●羊毛、毛糸
ハマナカ
tel.075-463-5151（代表）
http://hamanaka.co.jp/

●毛糸
DARUMA（横田）
tel.06-6251-2183
http://www.daruma-ito.co.jp/

毛糸ピエロ♪ 後正産業
tel.0120-108-540
https://www.gosyo.co.jp/
https://www.rakuten.ne.jp/gold/gosyo/

●フェルト
サンフェルト
tel.03-3842-5562
http://www.sunfelt.co.jp/

●ビーズ
MIYUKI
tel.084-972-4747
https://www.miyuki-beads.co.jp/

●刺繍糸
DMC
tel.03-5296-7831
https://www.dmc.com/jp/

STAFF

ブックデザイン　菅谷真理子、髙橋朱里（マルサンカク）
撮影　福井裕子
スタイリング　露木 藍
モデル　曽我あみ、星 幸成
作り方トレース　ダイラクサトミ
編み図　田中利佳
DTPオペレーション　田山円佳（スタジオダンク）
校閲　向井雅子
編集　加藤風花（文化出版局）